AF462176

TRAITÉ DES MATIERES CRIMINELLES,

SUIVANT L'ORDONNANCE DU MOIS d'Août 1670, & les Edits, Déclarations du Roi, Arrêts & Réglemens intervenus jusqu'à présent.

TOME SECOND

CONTENANT LE SUPPLÉMENT AUDIT OUVRAGE,

ET

Les Edits, Déclarations, Arrêts & Réglemens intervenus depuis l'Ordonnance.

Par Me GUY DU ROUSSEAUD DE LA COMBE,
Avocat au Parlement.

QUATRIE'ME EDITION,

Revûe & augmentée considérablement, sur les Notes manuscrites de l'Auteur, par Me NICOLAS GUY DU ROUSSEAUD DE LA COMBE, son Fils, Avocat au Parlement.

A PARIS, AU PALAIS,
Chez THÉODORE LE GRAS, au troisiéme Pilier de la Grande Salle, à l'L couronnée.

M. DCC. LI.
AVEC APPROBATION ET PRIVILEGE DU ROI.

SUPPLEMENT
A LA NOUVELLE ET QUATRIÉME ÉDITION
DU TRAITÉ
DES
MATIERES CRIMINELLES.

AVERTISSEMENT
DU LIBRAIRE
SUR CE SUPPLEMENT.

Depuis la Quatriéme Edition du TRAITÉ DES MATIERES CRIMINELLES, *de Me* GUY DU ROUSSEAUD DE LA COMBE, *il m'eſt tombé entre les mains deux Manuſcrits, dont l'un renferme pluſieurs Notes & Obſervations importantes en Matiere Criminelle; l'autre contient des Stiles ou Modeles de Prononciations & de Jugemens rendus en la Tournelle, ſuivant les différentes occaſions qui ſe ſont préſentées : ces deux Manuſcrits provenant de défunt M.* AMYOT, *Greffier du Parlement en la Tournelle & Sçavant Criminaliſte. J'ai crû que le Public me ſçauroit gré d'avoir fait extraire ce que ces deux Manuſcrits contiennent de plus eſſentiel, pour le joindre par forme de* SUPPLÉMENT *au Traité des Matieres Criminelles de M. Du Rouſſeaud de la Combe. Toutes les Additions dont ce Supplément eſt composé, ſont accompagnées & autoriſées des Arrêts de la Cour, ſur leſquelles elles ſont fondées. A l'égard des Modeles de Prononciations, ils peuvent ſervir aux Officiers de Province, pour regler à l'égard des uns, les Concluſions qu'ils doivent prendre; à l'égard des autres, les Jugemens qu'ils doivent rendre ſuivant l'exigence des cas.*

Le témoignage avantageux que le Public a rendu de l'utilité du Traité des Matieres Criminelles de M. Du Rouſſeaud de la Combe, m'engage à ne rien négliger de ce qui peut contribuer à le perfectionner.

SUPPLEMENT

A LA NOUVELLE ET QUATRIÉME ÉDITION

DU TRAITÉ DES MATIERES CRIMINELLES.

PREMIERE ADDITION.

Part. 1. Chap. 1. page 4. à la fin de la ligne neuviéme, ajoutez de ſuite :

AR Arrêt du 26 Octobre 1708, il a été fait déſenſes au Lieutenant Criminel de Saint-Eſtienne en Foreſt, de condamner un accuſé à être blâmé & admoneſté en même-tems.

SECONDE ADDITION.

Premiere Partie, Chap. 1. à la fin du nomb. 29. page 12, ajoutez ce qui ſuit.

A l'égard de toutes les autres condamnations à peines afflictives, corporelles ou infamantes, il s'adjuge toujours des amendes au Roi, aux Engagiſtes & aux Seigneurs, leſquelles ſont un peu plus fortes pour les Engagiſtes & les Seigneurs, à l'effet de les indemniser des frais qu'il convient faire pour l'instruction des procès & translation des accusés ; d'autant qu'on ne peut condamner les accusés aux dépens, lorsqu'il n'y a que les Procureurs du Roi & les Procureurs Fiscaux de Parties. Et comme il arrive souvent que les premiers Juges tombent dans cette erreur : quand le cas y échet, la Cour ne manque pas de leur faire deffenses de les y plus condamner, ni de se taxer aucunes épices ; elle les condamne même à rendre celles qu'ils ont reçues, dans le cas même où ils ordonnent la confiscation de biens, & qu'ils disent que sur iceux seront pris les frais de Justice, ou bien sans confiscation, que sur les amendes qu'ils adjugent ils seront pareillement pris ; parce que ces prononciations équipollent à une condamnation de dépens, au lieu qu'ils se doivent renfermer uniquement en des condamnations d'amende.

TROISIE'ME ADDITION.

Partie premiere, Chap. 1. pag. 14. à la fin du nomb. 32, ajoutez *à lineâ.*

Par Arrêt du 11 Septembre 1708, au Rapport de M. de Dreux, il a été jugé qu'un Cessionnaire d'une somme de 6600 liv. transportée par acte passé devant Notaires, pour intérêts civils adjugés à une mere contre l'assassin de son fils, avoit hypotheque du jour du décret de prise de corps prononcé contre le meurtrier qui posterieurement à ce décret & avant le Jugement définitif avoit vendu partie de ses biens, & contracté frauduleusement plusieurs dettes hypothéquaires.

QUATRIE'ME ADDITION.

Part. 2. Chap. 1. pag. 134. à la fin du nomb. 1, ajoutez *à lineâ.*

Le Juge d'un Seigneur suzerain seroit, par exemple, compétent pour connoître d'un crime commis dans l'étendue de la Terre du Seigneur vassal, quoique ce dernier eût une Haute-Justice. Un crime avoit été commis dans l'étendue de la Haute-Justice du Seigneur de Dorthes, Seigneur suzerain ; son Juge s'en étoit saisi, quoique le Seigneur, vassal du Seigneur de Dorthes, eût une Haute-Justice dans le district de laquelle le crime avoit été commis. L'accusé fut revendiqué par le

Procureur Fiscal de la Justice du vassal. Le Juge de Dorthes continua d'instruire. M. Amyot consulté à ce sujet, décida que le Juge de Dorthes comme Juge supérieur de la Justice subalterne de Bores, (c'étoit le nom de la Terre du vassal) étoit compétent & avoit pû prévenir. L'Arrêt le décida aussi de cette maniere, & l'amende qui fut de 300 liv. fut adjugée au Seigneur de Dorthes. M. Amyot ne fait pas mention dans ses Notes de la date de cet Arrêt.

CINQUIE'ME ADDITION.

Part. 2. Chap. 1. pag. 135. à la fin du nomb. 3, ajoutez *à lineâ.*

Il y a un pareil Arrêt précédent du 6 Juin 1710, au sujet d'un procès instruit par le Maître Particulier des Eaux & Forêts d'Angers, contre le nommé Michel, dans un cas où il s'agissoit de viol & de vol dont ce Juge avoit pris connoissance, sous prétexte d'une accusation conjointe de chasse & de pêche. Par sa Sentence il avoit déclaré ledit Michel duëment atteint & convaincu d'avoir chassé avec armes à feu & fusil brisé sur toute sorte de gibier de poil & de plume, dans toutes les saisons de l'année, d'avoir attenté à l'occasion de ladite chasse, à l'honneur de Susanne Berron, âgée de douze ans, & d'avoir volé à l'occasion de la pêche, la voile de bateau de Jacques Peau, pour réparation de quoi, &c. Par l'Arrêt, toute la procédure fut déclarée nulle en ce qui concernoit l'instruction & les accusations des crimes de viol & de vol, & les Parties furent renvoyées pardevant le Lieutenant Criminel d'Angers.

SIXIE'ME ADDITION.

Part. 2. Chap. 1. pag. 136. à la fin du nomb. 5. ajoutez *à lineâ* ce qui suit.

Le 7 Juin 1709, il y eut plainte en forme de dénonciation devant le Sieur Vincent, Subdélégué à Vitry, que quelques Soldats étant venus au Village des Rivieres tirer les poules & pigeons des Habitans, un de ceux-ci s'étant plaint, un Soldat lui lâcha un coup de fusil dans les reins, dont il lui fit sortir les entrailles ; le Sieur Vincent reçut la plainte & fit l'information : l'Intendant averti du fait, renvoya l'instruction devant le Lieutenant Criminel de Vitry, qui au lieu de recommencer de nouveau, continua l'instruction suivant les derniers erremens jusqu'à Sentence deffinitive. Appel en la Cour; Arrêt qui casse toute la procedure, sur le fondement qu'elle avoit été commencée par un Juge incompetent, & qui n'avoit point *jus gladii*; fait défense audit Vincent, Subdélegué, de plus connoître de semblables cas, & au Lieutenant Criminel de Vitry, de continuer les procedures commencées par le Subdélegué. Cet Arrêt est du 15 Mars 171[illegible].

SEPTIE'ME ADDITION.

Part. 2. *Chap.* 1. *pag.* 139. *à la fin du nomb.* 11, ajoutez de suite.

Il y en a un Arrêt du 27 Août 1611, rapporté par Corbin en ses Loix de la France, Arrêt 7.

HUITIE'ME ADDITION.

Part. 2. *Chap.* 3. *pag* 178. *à la fin du* §. 8, ajoutez *à linea.*

L'on demande, si un Prevôt des Maréchaux étant déclaré incompétent, les décrets par lui décernés & la contumace par lui instruite subsistent en leur entier? Le Prevôt des Maréchaux de Chaumont en Bassigny, avoit fait informer contre différens meurtriers. Le Présidial avoit jugé le cas Prevôtal. Deux des accusés étoient prisonniers, un autre, contumax. Ils se pourvurent au Grand-Conseil. La Sentence de compétence du Présidial fut cassée, & les accusés renvoyés devant le Lieutenant Criminel du Bailliage de Chaumont, pour leur être leur procès fait & parfait jusqu'à Sentence deffinitive inclusivement. Toute l'instruction étoit faite & le procès même en état d'être jugé. La difficulté étoit de sçavoir si le Juge étant déclaré incompétent, les décrets subsistoient; si l'assignation donnée à la quinzaine, & celle donnée ensuite à la huitaine, subsistoient pareillement, ensorte qu'il ne fut plus question que de rendre un Jugement qui ordonnât le recollement des témoins & la confrontation; ou si ces assignations ne subsistoient plus, & s'il falloit de nouveau recommencer l'instruction de contumace. Feu M. Amyot, consulté sur cette question, répondit que tout ce qui avoit été fait depuis le Jugement de compétence étoit nul, & qu'il n'y avoit uniquement que l'information & les décrets qui ſubſiſtaſſent ; qu'il falloit recommencer de nouveau à interroger les accuſés, & ordonner que les témoins ſeroient recollés & confrontés aux accuſés ; qu'il falloit pareillement inſtruire de nouveau la contumace, en renouvellant les aſſignations à quinzaine & à huitaine, pour, ſur les défauts, ordonner avant que d'en adjuger le profit, que le recollement vaudra confrontation.

NEUVIE'ME ADDITION.

Part. 2. Chap. 3. pag. 182. après la ligne ſeptiéme, ajoutez *à lineâ* ce qui ſuit.

Au ſujet de la diſpoſition de cet Article 17 du Titre 1 de l'Ordonnance de 1670, il s'eſt préſenté une difficulté. Pluſieurs accuſés ſont décrétés pour le même crime : leur procès s'inſtruit conjointement ; lorſqu'on eſt prêt de juger la compétence, un des accuſés tombe malade dans un Hôpital, ou dans quelqu'autre lieu dont on ne peut le faire tranſporter ſans danger : les Juges ne peuvent aller l'interroger, pour enſuite juger la compétence. Dans une pareille circonſtance, il faut ſeulement le faire viſiter par Médecins & Chirurgiens, pour connoître s'il ſeroit en danger de ſa vie ſi on le tranſportoit dans le lieu de la Juriſdiction pour être interrogé devant tous les Juges. Il eſt inutile que le Préſident de la Compagnie ou un autre ſe tranſporte pour l'interroger, pour enſuite juger la compétence, parce qu'il eſt d'une néceſſité indiſpenſable qu'il ſoit interrogé en la Chambre du Conſeil en préſence de tous les Juges : il faut donc attendre que l'accuſé ſe porte mieux pour enſuite le tranſporter & juger la compétence à ſon égard : il faut interroger les accuſés qui ſont priſonniers, juger la compétence par rapport à eux, & proceder au Jugement définitif de leur procès. C'eſt ce qu'il faut obſerver pour éviter la nullité & les 500 liv. d'amende portée par l'Article 19 du Titre 2 de l'Ordonnance. Ainſi décidé par M. Amyot en conſultation.

DIXIE'ME ADDITION.

Part. 2. Chap. 3. pag. 185. après le Nota 2°, ajoutez *à lineâ*.

Nota 3°. Pour qu'un Prevôt des Maréchaux puiſſe être déclaré compétent, il faut que l'avis de la compétence paſſe de deux voix, ſans quoi le procès doit être fait à l'accuſé à l'ordinaire. Dans cette occasion les voix de deux parens qui sont de même avis, ne sont comptées que pour une.

ONZIE'ME ADDITION.

Part. 2. pag. 191. à la fin du Chap. 4, ajoutez ce qui suit.

Thomas Vassieres, ancien Procureur de la Cour, fut assassiné près le Bois de Romigny, ressort du Présidial de Rheims. Sa veuve rendit plainte au Lieutenant de Robe-Courte de Châtillon sur Marne, qui n'étoit point Juge du lieu du délit. Ce Juge informe, décrete, interroge & fait juger sa compétence au Présidial de Château-Thierry, après quoi il continue l'instruction. Les accusés se pourvoyent au Grand-Conseil, Arrêt qui casse le Jugement de compétence & renvoye le procès & les accusés au Présidial de Rheims pour y être jugé, à la charge de l'appel au Parlement. Le Grand-Conseil n'avoit rien statué sur la procédure faite par le Lieutenant de Robe-Courte de Châtillon, tant devant qu'après le Jugement de compétence, & cependant la procédure étoit nulle, étant faite par un Juge incompétent & qui avoit instrumenté hors son Ressort; il s'agissoit donc de sçavoir si le Présidial de Rheims pouvoit casser cette procédure, le Grand-Conseil ne l'ayant pas fait, s'il n'en devoit casser que partie, ou bien le tout, & comment le Lieutenant Criminel s'y prendroit pour la faire casser? M. Amyot consulté, répondit qu'il falloit donner un Jugement *par déliberation de Conseil*, qui déclarât la procédure du Lieutenant Criminel de Robe-Courte de Châtillon nulle, & que le procès seroit instruit de nouveau à ses frais & dépens : que quoique l'Arrêt du Grand-Conseil eût cassé le Jugement de compétence donné à Château-Thierry, & qu'il eût renvoyé l'affaire au Lieutenant Criminel de Rheims, en ordonnant que les informations seroient portées au Greffe de Rheims, cela n'empêchoit point que les Officiers de Rheims ne fussent en droit de casser la procédure du Lieutenant Criminel de Robe-Courte de Châtillon, comme étant faite par un Juge incompétent, ayant instrumenté hors son Ressort, le lieu du délit n'étant point de son Département : que si le Grand Conseil n'y avoit point statué, c'est qu'il n'est point Juge de la validité ou invalidité de la procédure, mais bien les Officiers du lieu où l'affaire a été renvoyée.

DOUZIE'ME

DOUZIE'ME ADDITION.

Part. 2. Chap. 4. pag. 196. après l'Arrêt du 25 Avril 1716, ajoutez de suite.

Il y en a un précédent du 2 Octobre 1711, plaidant Mes Prévôt & Andrieux, par lequel la Cour fit défenses à Nicolas Serrurier, Procureur Fiscal de la Justice de la Bergeresse, de faire aucunes fonctions de Juge en cas d'absence, récusation, ou autre empêchement du Juge ordinaire, en toutes matieres sujettes à communication, & principalement dans les matieres Criminelles, esquels cas la fonction de Juge sera dévolue à l'ancien résident en ladite Justice, s'il y en a, sinon au plus ancien Praticien postulant. Il y a encore deux autres pareils Arrêts, l'un, du 21 Juin 1712, qui a renvoyé devant le Prévôt de Corbeil, des Instructions faites par le Procureur Fiscal d'Essonne. L'autre, du 23 Juillet 1712, portant aussi Reglement.

TREIZIE'ME ADDITION.

Part. 2. Chap. 4. pag. 197. à la fin du nomb. 14, ajoutez *à lineâ*.

Il est à observer que le Praticien qui supplée au Juge, en cas d'absence, récusation, ou autre empêchement, doit être résident dans le lieu de la Jurisdiction. Par Arrêt du 12 Septembre 1711, sur les conclusions de M. de la Galissonniere, Substitut de M. le Procureur Général, il a été fait défenses au nommé Balet, de plus faire fonction de Juge en la Justice d'Usson, s'il n'est résident au lieu de cette Jurisdiction; & il fut ordonné que cet Arrêt seroit lû & publié aux Justices d'Usson & de Civray.

QUATORZIE'ME ADDITION.

Part. 2. Chap. 6. pag. 246. à la fin du nomb. 4, ajoutez *à lineâ*.

Il est aussi à observer que les Juges d'Eglise n'ayant aucune autorité ni Jurisdiction sur les Officiers Royaux, l'Official ne peut ordonner, sans abus, que le Greffier du Juge Royal sera contraint par corps d'apporter les Informations au Greffe de l'Officialité; tout ce qu'il peut faire est de requérir le Juge Royal d'enjoindre à son Greffier de faire cet apport ; & si le Juge Royal n'acquiesce point à cette requisition, il faut que l'Evêque, prenant le fait & cause de son Official ou de son Promoteur, se pourvoye en la Cour pour le faire ordonner ainsi. C'est ce qui a été jugé par Arrêt du 23 Janvier 1717.

QUINZIE'ME ADDITION.

Part. 2. Chap. 6. pag. 257. à la fin du nomb. 10, au sujet de la saisie & annotation des biens de l'accusé que le Juge d'Eglise ne peut ordonner, *ajoutez* de suite.

Pareils Arrêts des premier Juin 1709, & 22 Février 1710.

SEIZIE'ME ADDITION.

Part. 2. Chap. 6. après le nomb. 9. pag. 273, ajoutez.

10. Les Officiaux peuvent se transporter au Bailliage Royal pour l'instruction d'un procès, conjointement avec le Juge Royal ; mais pour juger le délit commun, il faut que ce soit dans le Siege de l'Officialité, autrement il y auroit abus dans la Sentence deffinitive. Et lorsqu'il y a nécessité que l'Official juge dans le Bailliage, pour éviter la recousse du prisonnier en le transférant ès prisons de l'Officialité, qui souvent ne sont point sures, il faut que l'Official se fasse autoriser par le Parlement, pour juger deffinitivement le délit commun dans le Bailliage. Pareille difficulté étant arrivée en l'Officialité d'Evreux, touchant le procès instruit à un Ecclésiastique du Diocese d'Evreux, pour avoir assassiné la Prieure de l'Abbaye de Saint-Sauveur d'Evreux, par Arrêt du Parlement de Rouen, du 17 Décembre 1709, il fut permis à l'Official d'Evreux de juger le procès dans la Chambre du Conseil du Bailliage dudit lieu.

DIX-SEPTIE'ME ADDITION.

Part. 2. Chap. 6. pag. 283. à la fin de la Sect. 5, ajoutez.

3. Il y auroit abus dans une Sentence par laquelle l'Official nommeroit la personne avec laquelle l'Ecclésiastique accusé auroit été en mauvais commerce : ainsi jugé par Arrêt du 21 May 1715.

DIX-HUITIE'ME ADDITION.

Part. 3. Chap. 1. Sect. 1. pag. 287. à la fin du nomb. 1, ajoutez *à lineá* ce qui suit.

La Cour en a fait un Reglement, par Arrêt du 23 Août 1718, rendu au procès du nommé Jean le Vacher. Par cet Arrêt, il a été fait défenses aux Officiers de la Maréchaussée de Tonnerre, de recevoir à l'avenir des Plaintes pour raison de faits qui ne regardent & n'intéressent point les Parties; sauf à les recevoir en ce cas pour dénonciateurs, en leur faisant donner préalablement bonne & suffisante caution, qui sera reçue avec le Substitut du Procureur Général du Roy, suivant l'Ordonnance, & à la charge que toute l'instruction se fera à la Requête dudit Substitut seul, jusques à Jugement diffinitif inclusivement, & sans que les noms des dénonciateurs puissent être employés sous quelque prétexte que ce soit dans les procédures d'instruction & dans les Jugemens, non plus que dans les Sentences deffinitives : sauf, après le Jugement d'absolution, au Substitut du Procureur Général du Roy, s'il en est requis, de nommer le dénonciateur, & ce conformément à l'Article 78 de l'Ordonnance d'Orléans du mois de Janvier 1560. Ce même Arrêt porte qu'il sera lû & publié au Bailliage & Siege Présidial d'Auxerre, l'Audience tenante, & enregistré au Greffe d'icelui, & en celui de la Maréchaussée de Tonnerre.

DIX-NEUVIE'ME ADDITION.

Part. 3. Chap. 1. pag. 313. à la fin du nomb. 4, ajoutez *à lineá*.

Cette question s'est présentée en 1724, au sujet du procès fait par un Prevôt des Maréchaux, qui en condamnant un des accusés, avoit renvoyé absous les autres co-accusés, qui formerent ensuite leur action en dommages & intérêts devant ce même Juge. Par l'Arrêt qui intervint, en date du 15 Janvier 1724, rendu entre le Sieur de Triel, Appellant comme de Juge incompétent de l'Ordonnance du Prevôt des Maréchaux de Mantes, & François Laurence, Intimé, la Cour, faisant droit sur l'appel d'incompétence, mit l'appellation & ce dont étoit appel au néant; & sur la demande en dommages & intérêts, ordonna que les Parties se pourvoiroient pardevant le Lieutenant Civil du Châtelet de Paris. Et ce, parce que les Prevôts des Maréchaux ne peuvent connoître de quelque matiere civile que ce puisse être, & que leur Jurisdiction cesse absolument dès qu'ils ont prononcé sur le crime.

VINGTIE'ME ADDITION.

Part. 3. Chap. 3. pag. 323. après le nomb. 16, ajoutez *à lineâ.*

17. Les Médecins & Chirurgiens ne peuvent être répetés sur leurs rapports, lorsque ces rapports ont été faits par autorité de Justice en la forme prescrite par l'Ordonnance. Ainsi jugé par Arrêt du 21 Mars 1714, au Rapport de M. le Nain, Conseiller, & sur les Conclusions de M. Daguesseau, alors Procureur Général.

VINGT-UNIE'ME ADDITION.

Part. 3. Chap. 4. pag. 326. à la fin du nomb. 8, ajoutez de suite.

Le Sieur Gougenot, Commissaire Examinateur en la Prevôté de Coiffy, avoit fait quelques informations en présence du Sieur Legros, Substitut au même Siege; la Cour cassa ces informations, ordonna qu'elles seroient refaites au Bailliage de Langres, à la poursuite & diligence du Sieur Pomiel, & aux frais des deux Officiers, pour être le procès fait & parfait aux nommés Laulle & Massin, jusques à Sentence deffinitive; fit *défenses au Sieur Gougenot de proceder aux informations en présence dudit Legros, comme adjoint, lorsqu'en qualité de Substitut du Procureur Général, il seroit seule Partie, ou conjointement avec autres; fait pareilles défenses audit Legros d'assister en même cas auxdites informations ou autres actes comme adjoint.*

VINGT-DEUXIE'ME ADDITION.

Part. 3. Chap. 4. pag. 328. à la fin du nomb. 11, ajoutez *à lineâ* ce qui suit.

Il n'y a point d'autre parti à prendre, parce qu'on ne peut entendre un témoin deux fois en déposition sur un même fait;

la seconde déposition est nulle, le témoin ne pouvant rien ajouter à sa déposition que par le recollement. Ainsi jugé par Arrêt du 19 Décembre 1713.

Le 18 du même mois, avant que de rendre cet Arrêt, en procédant à la visite du procès instruit & jugé par le Bailly de la Chastre, à la Requête de François Havot & sa femme, contre Sebastien Noël, accusé, prisonnier ès Prisons de la Conciergerie, accusé de vol de nuit, appellant d'un bannissement perpétuel & des condamnations pécuniaires, s'est mue la question de sçavoir, si on liroit les dépositions & le recollement de deux témoins, l'un ayant été entendu en deux dépositions & recollé sur les deux, & l'autre en trois dépositions & recollé sur icelles, *sur le même fait?* La matiere mise en déliberation, a été arrêté qu'on liroit la premiere déposition de chacun desdits témoins, ensemble le recollement & confrontation; & qu'à l'égard des seconde & troisiéme dépositions, qu'elles ne seroient point lûes, comme n'ayant dûes être faites, suivant la maxime que les témoins peuvent ajouter ou diminuer lors de leur recollement, & non pas qu'on les puisse entendre en dépositions deux fois, & encore moins trois, pour raison du même fait. *Nota*, qu'on a remis au lendemain pour interroger l'accusé & juger le procès. M. le Nain Rapporteur. Cette déliberation fut écrite sur le Registre du Conseil, & le lendemain dix-neuf dudit mois de Décembre, fut procédé au Jugement du procès; & par l'Arrêt, il y eut un plus amplement informé de six mois, ordonné pardevant le Lieutenant Criminel d'Issoudun, à l'encontre dudit Sebastien Noël, lui mis en liberté, à la charge toutefois & quantes de se représenter; *fait défense* au Bailly de la Chastre de plus entendre à l'avenir des témoins deux fois en dépositions pour raison du même fait, si ce n'est dans le cas porté en l'Article 24, Titre 15 de l'Ordonnance de 1670.

VINGT-TROISIE'ME ADDITION.

Part. 3. Chap. 4. pag. 329. à la fin du nomb. 14, ajoutez de suite.

Voyez ci-après l'Addition faite à la page 466, Part. 3. Chap. 13. à la fin de la Section premiere, sur la question de sçavoir, si le Juge qui découvre des nullités dans la procédure, peut se réformer lui-même & la recommencer.

VINGT-QUATRIE'ME ADDITION.

Part. 3. Chap. 4. pag. 329. à la fin du nomb. 15, ajoutez *à lineá* ce qui suit.

Suivant les Articles 6 & 7 du Titre des Informations de l'Ordonnance Criminelle de 1670, & la Déclaration du Roi du 21 Avril 1671, il est défendu à tous Juges, même des Cours, de commettre leurs Clercs, ou autres personnes, pour écrire les informations, interrogatoires, procès-verbaux, recollemens, confrontations, & tous autres actes & procédures en matiere Criminelle, dedans ou dehors leur Siege, s'il y a un Greffier ou un Commis à l'exercice du Greffe, si ce n'est qu'ils fussent absens, malades, ou qu'ils eussent quelqu'autre légitime empêchement, sans néanmoins que ceux qui exécuteront des Commissions émanées du Roi, puissent être empêchés de commettre telles personnes qu'ils aviseront, ausquelles ils feront prêter le serment.

Il est à observer à ce sujet que le Greffier commis au défaut du Greffier ordinaire, doit avoir vingt-cinq ans accomplis. C'est ce qui a été jugé par un Arrêt du 13 Juin 1709, rendu en l'Audience de la Chambre de la Tournelle sur les conclusions de M. Daguesseau, Avocat Général, au sujet du procès criminel fait en la Châtellenie d'Availles, par le Sénéchal de cette Justice, à la Requête de Jacques Chauveau, contre Pierre le Comte, Sieur du Peyrat, & Jean Chevallon, défendeurs & accusés. Par cet Arrêt, la Cour a, entre autres choses, déclaré toute la procédure nulle, ordonné qu'elle seroit refaite par le Lieutenant Criminel du Dorat, & a fait défenses aux Officiers de la Châtellenie d'Availles, en cas de récusation, absence, maladie, & autre légitime empêchement du Greffier ordinaire de ladite Justice, de commettre à l'avenir aucun autre Greffier pour en faire la fonction, qu'il n'ait vingt-cinq ans accomplis, à peine de nullité & de répondre en leurs propres & privés noms des dépens, dommages & intérêts des Parties.

Il y a un pareil Arrêt du 12 Janvier 1723, contre l'Assesseur Criminel du Bailliage d'Amiens.

Il résulte de l'Arrêt du 13 Juin 1709, que le Greffier qui est parent de l'une des Parties, peut être récusé, quoique l'Ordonnance de 1670, non plus que celle de 1667, n'en disent rien.

Il y en a un Arrêt précis du Samedi 22 Juin 1697, entre Messire François Bouthillier, Evêque de Troyes, prenant le fait & cause de son Promoteur, appellant comme d'abus d'une Sentence rendue par l'Official de Sens, le 30 Janvier 1697, en ce que cette Sentence avoit permis de récuser le Greffier & ordonné qu'il s'abstiendroit de faire sa fonction, en justifiant qu'il étoit parent de la nommée Lonnat, comprise au procès, d'une part, & le Sieur Antoine Colot, Prêtre, Curé de Saint Denis de Sezanne, intimé, d'autre. Cet Arrêt a été rendu sur les conclusions de M. Joly de Fleury, alors Avocat Général, plaidant Me Chevart pour M. l'Evêque de Troyes, & Me Prévost pour le Sieur Colot.

Le serment que l'Ordonnance requiert, & que les Juges doivent faire prêter au Greffier commis, doit être fait au commencement de la procédure, & il en doit être fait mention en tête du premier acte de cette procédure. Arrêt du 28 May 1696, qui, pour le défaut de cette formalité, a ordonné que la procédure seroit recommencée aux frais du Sieur Levin, Lieutenant en la Maréchaussée de Lyon. Il y en a un autre Arrêt du 19 Septembre 1711, contre le Juge de Dampierre.

Par autre Arrêt du 10 Février 1711, la Cour, en déclarant une procédure nulle, a enjoint au Mayeur de la Ville de Peronne, lorsqu'il recevroit des déclarations d'accusés & qu'il les interrogeroit, de leur faire prêter serment, comme aussi de faire prêter serment au Greffier qu'il commettroit au lieu & place du Greffier ordinaire, avant de procéder à aucune procédure, & de ne plus confronter les accusés les uns aux autres, que préalablement ils ne les ayent recollés en leurs interrogatoires, & qu'il n'y ait eu un Jugement qui ait ordonné le recollement, à peine de nullité & de tous dépens, dommages & intérêts des Parties.

VINGT-CINQUIE'ME ADDITION.

Part. 3. Chap. 4. pag. 330. à la fin du nomb. 18, ajoutez de suite.

Il y en a un Arrêt rendu en l'Audience de la Tournelle Criminelle, le 31 Mars 1708.

VINGT-SIXIE'ME ADDITION.

Part. 3. Chap. 4. pag. 331. après le nomb. 20, ajoutez *à lineâ.*

Au reste, il est à observer que dès qu'une information est close par le décret, le Juge ne peut continuer d'informer, sans avoir préalablement rendu une Ordonnance portant que l'information seroit continuée. Ainsi jugé par Arrêt du 13 May 1723, portant injonction à ce sujet au Juge de la Perriere.

VINGT-SEPTIE'ME ADDITION.

Part. 3. Chap. 4. pag. 332. à la fin du nomb. 24, ajoutez *à lineâ.*

En informant pour faits arrivés dans son Territoire, il ne peut délivrer commission rogatoire à un autre Juge pour informer de faits arrivés hors du Ressort du premier Juge, à moins qu'il n'en obtienne permission de la Cour. Pareille procédure ayant été faite par les Officiers de Melun, elle a été déclarée nulle par Arrêt d'Audience de la Tournelle, du 28 Septembre 1714.

VINGT-HUITIE'ME ADDITION.

Part. 3. Chap. 4. pag. 332. à la fin du nomb. 24, ajoutez *à lineâ.*

Le Juge ne peut point non plus commettre un Avocat ou autre Praticien, pour aller entendre des témoins domiciliés hors de son Ressort; mais il doit décerner une commission rogatoire adressée au plus prochain Juge des lieux où les témoins seront domiciliés, pour les entendre en déposition. Ainsi jugé par Arrêt du 7 May 1709, avec injonction au Lieutenant Criminel de Rheims, & ordonne que la procédure sera refaite à ses frais par le Lieutenant Criminel de Chaalons.

VINGT-NEUVIE'ME ADDITION.

Part. 3. Chap. 4. pag. 333. à la fin du nomb. 26, ajoutez *à lineâ* ce qui suit.

En 1702, la Cour avoit déclaré nulles toutes les informa-

tions

tions faites par le Juge de Coutauvaut à Beſſé, enſemble les recollemens des témoins, à l'exception néanmoins de la dépoſition d'un témoin & de ſon recollement qui ſubſiſteroient, & ordonné que les autres témoins ouis ſeroient de nouveau entendus & iceux recollés en leurſdites dépoſitions pardevant le Lieutenant Criminel de Blois, &c. Il s'agiſſoit de ſçavoir, ſi le décret de priſe de corps décerné contre la nommée Soulas, femme Boulay, & celui d'ajournement perſonnel contre le nommé Villereau, décernés par ledit Juge de Beſſé, ſubſiſtoient, les procédures étant annullées, ſauf une ſimple dépoſition? Le Lieutenant Criminel de Blois ayant conſulté ce point, M. Amyot lui fit réponſe qu'il avoit propoſé la queſtion à M. Gaudart, Rapporteur, qui en avoit parlé à M. le Préſident Potier, leſquels avoient été d'avis que le Lieutenant Criminel pouvoit décreter de nouveau, attendu que les informations avoient été déclarées nulles, & qu'ainſi les décrets ne ſubſiſtoient plus.

TRENTIE'ME ADDITION.

Part. 3. Chap. 4. pag. 333. à la fin de la Section premiere, ajoutez ce qui ſuit.

28. L'Ordonnance Criminelle porte, au Titre 6 des Informations, Article 3, que les perſonnes aſſignées pour être ouies en témoignage, recollées ou confrontées, ſeront tenues de comparoir pour ſatisfaire aux aſſignations, & que les laïques pourront y être contraints par amende ſur le premier défaut, & par empriſonnement de leur perſonne en cas de contumace, même les Eccléſiaſtiques par amende, au payement de laquelle ils ſeront contraints par ſaiſie de leur temporel. Ce même Article enjoint aux Superieurs Réguliers d'y faire comparoir leurs Religieux, à peine de ſaiſie de leur temporel & de ſuſpenſion des privileges à eux accordés.

Mais il eſt à obſerver que cet Article ne s'entend que des Juges Laïques : les Officiaux ne peuvent point condamner en l'amende des témoins, faute de comparoir à l'aſſignation à eux donnée pour dépoſer, ni ordonner qu'ils y ſeront contraints par corps : s'ils l'ordonnoient, il y auroit abus. Ainſi jugé par Arrêt du 19 Mars 1712, donné en l'Audience de la Tournelle Criminelle. *Note manuſcrite de feu M. Amyot.*

TRENTE-UNIE'ME ADDITION.

Part. 3. Chap. 4. pag. 333. à la fin de la Section premiere, ajoutez *à lineâ.*

29. Lorſque le Juge reçoit la dépoſition d'un témoin, il doit lui faire circonſtancier tout ce qu'il a vû, & écrire d'après ſa dépoſition, ſans renvoyer pour abréger à aucun acte de la procédure.

Le Juge de Souzy, dans une procédure qu'il inſtruiſit contre le nommé Nicolas Houdouin & ſa femme, ſe contenta de faire rédiger par écrit ce que le témoin lui diſoit avoir vû de l'action; mais à l'égard de la ſituation & de l'état du cadavre de... trouvé, le témoin dit, que tout étoit comme il étoit porté au procès-verbal. M Pierre Claude Amyot conſulté ſur ce point, dit que c'étoit une nullité, que le témoin devoit dire & dépoſer mot à mot tout ce qu'il avoit vû, & ne point réferer la plus grande partie à ce qui étoit porté en un fait dicté par un Juge qui pouvoit être ſuſpect, pouvant auſſi avoir oublié quelques circonſtances, ou dénaturé les circonſtances véritables. Il ajouta que cela ne formoit point une dépoſition.

L'Arrêt qui intervint le premier Mars 1728, dans cette affaire, le jugea ainſi.

TRENTE-DEUXIE'ME ADDITION.

Part. 3. Chap. 4. Sect. 1. pag. 333. après le nomb. 29. qui eſt une Addition, mettez *à lineâ* ce qui ſuit.

30. L'inſtruction d'une procédure criminelle doit toujours ſe faire au lieu de la Juriſdiction & dans l'Auditoire même, & jamais en la maiſon du Juge: les cas exceptés ſont ſpécifiés dans un Arrêt du 10 Juin 1711, dont voici la teneur.

Vû par la Cour les plaintes & informations faites pardevant le Lieutenant Criminel de Blois, à la Requête du Subſtitut du Procureur Général au Bailliage de Blois, contre les nommés Pothier, le Sueur, & Perrin; décret décerné par ledit Juge le 12 Novembre audit an, d'ajournement perſonnel contre leſdits Pothier & le Sueur, & d'aſſigné pour être oui contre ledit Perrin; deux Requêtes préſentées par leſdits Pothier & le Sueur, afin d'être reçus Appellans de la procédure extraordinaire contre eux faite, cependant défenses, &c. Conclusions du Procureur Général du Roy ; oui le Rapport de Me Jean-Jacques Gaudart, Conseiller : tout considéré, ladite Cour a reçu & reçoit lesdits Pothier & le Sueur Appellans, les a tenu pour bien relevés, ordonne que sur lesdites appellations, sur lesquelles leur permet de faire intimer qui bon leur semblera, les Parties auront audience au premier jour; ordonne que le procès encommencé, sera fait & parfait ausdits Pothier & le Sueur en état d'ajournement personnel par le Lieutenant Criminel d'Orléans, jusques à Sentence deffinitive inclusivement, sauf l'exécution s'il en est appellé, & à cette fin seront lesdits Pothier & le Sueur ouis & interrogés de nouveau par ledit Juge sur les faits résultans des charges & informations, à l'effet de quoi seront les informations & autres charges & procédures extraordinaires, étant au Greffe Criminel de la Cour, portées au Greffe dudit Lieutenant Criminel, à ce faire le Greffier contraint, quoi faisant déchargé; enjoint au Lieutenant Criminel de Blois, lorsqu'il procédera aux interrogatoires & à toutes les instructions qu'il écherra de faire en la Ville de Blois, de les faire dans le lieu où se tient la Jurisdiction du Bailliage de Blois, sans pouvoir à l'avenir faire aucun interrogatoire ou autre instruction en matiere Criminelle *dans sa maison*, sauf toutefois en cas de maladie de témoins ou des accusés étant en décret d'ajournement personnel, ou d'assigné pour être oui, de pouvoir par ledit Juge se transporter au lieu où ils sont malades pour faire ladite instruction, & sans rien innover à l'égard des accusés prisonniers, en cas qu'il soit d'usage de procéder aux instructions contre eux en la Chambre de la Géole des Prisons Royales de Blois, & sans préjudice aussi en cas de flagrant délit, d'interroger les accusés dans le lieu où ils auront été arrêtés, ou autre lieu convenable, comme pareillement dans le cas d'exoine à l'égard de ceux qui sont en décret de prise de corps, d'y pourvoir ainsi qu'il appartiendra par raison. Fait en Parlement, le 10 Juin 1711.

TRENTE-TROISIE'ME ADDITION.

Part. 3. Chap. 4. pag. 333. au-dessous du nomb. 30. qui est aussi une Addition, ajoutez *à linea*.

31. Un Juge commis par la Cour, pour un plus ample-

ment informé, ou pour une instruction entiere d'un procès criminel, ne peut commettre un autre Juge à sa place : ainsi jugé par Arrêt du 9 Avril 1701, qui a déclaré nulle la procédure en pareil cas.

TRENTE-QUATRIE'ME ADDITION.

Part. 3. Chap. 4. pag. 336. à la fin du nomb. 1, ajoutez *à lineâ.*

Cette nullité se trouvoit dans une information faite au Présidial de Metz, à la Requête de Me Braillard, Conseiller au Parlement de cette Ville, contre le nommé Brice Villot; il y avoit plusieurs dépositions en tête desquelles on s'étoit contenté de mettre *assigné comme dessus*. M. Amyot décide dans une Note que c'est une nullité, & qu'il faut à chaque déposition de témoin répeter de nouveau & détailler la représentation de l'Exploit, le nom de l'Huissier & sa matricule. En effet, par Arrêt du 17 Août 1706, la Cour a déclaré nulle toute cette procédure faite au Présidial de Metz, & a ordonné qu'elle seroit recommencée en la Cour.

TRENTE-CINQUIE'ME ADDITION.

Part. 3. Chap. 4. Sect. 3. des Formalités des Informations ; pag. 336. nomb. 2. après le mot Synonimes, *de la ligne 11*, ajoutez ce qui suit.

Sous le nom de Serviteur, on entend un Laquais, Cocher, Portier, Valet-de-pied, Cuisinier, Palfrenier, Postillon, Coureur, & autres portans livrée ; & sous le mot Domestique, est compris un Sécretaire, un Intendant, un Maître-d'Hôtel.

Un Aumônier seroit même regardé en pareil cas comme compris sous le mot *Domestique*, dont se sert l'Ordonnance ; de même d'un Précepteur ; de même de tous ceux qui sont à gages ou appointemens. Il en seroit encore de même d'un Gentilhomme qui seroit attaché auprès d'un Prince, ou d'un Grand, quoiqu'il n'eût point d'emploi particulier ni servile.

TRENTE-SIXIE'ME ADDITION.

A la même page, après le Nota 2°, ajoutez à la ligne.

Nota 3°. Que lorsque l'information se fait à la Requête du

Procureur du Roi, il ne suffit pas de mettre que le témoin n'est parent, allié, serviteur, ni domestique de l'accusé : *il faut mettre*, des Parties ; parce que le témoin peut être parent ou allié, serviteur ou domestique du Procureur du Roi.

Nota 4°. Quand même le témoin seroit une personne de dignité ou de grande considération, il ne faut pas moins se servir de ces termes exigés par l'Ordonnance ; parce que *ubi Lex non distinguit, nec nos distinguere debemus.* La disposition de l'Ordonnance étant générale & ne faisant point de distinction, elle doit être observée en tous les cas, autrement il y auroit nullité : ainsi jugé par Arrêt du 16 Septembre 1711.

TRENTE-SEPTIE'ME ADDITION.

Part. 3. Chap. 4. pag. 338. à la fin du nomb. 6, ajoutez de suite.

Ce qui doit même être observé, quoique le témoin ait déclaré ne rien sçavoir des faits portés en la plainte : ainsi jugé par Arrêt du 4 Mars 1712.

TRENTE-HUITIE'ME ADDITION.

Part. 3. Chap. 4. pag. 339. après le nomb. 8, ajoutez.

9. Le Juge qui procede à une information, ne doit point entendre les témoins par forme d'interrogatoire, ni interprêter les déclarations qu'il fait : il doit entendre de suite la déposition du témoin, & la faire rédiger ainsi qu'il la rend. Il y en a deux Arrêts, l'un du 8 Juin 1721, entre Jean-François Noblat des Rosiers, & Dame Elisabeth de Feret : l'autre du premier Mars 1728, qui à ce sujet a fait une injonction au Juge d'Etampes.

TRENTE-NEUVIE'ME ADDITION.

Part. 3. Chap. 5. pag. 344. deuxiéme à lineâ, ligne 4. après le mot Soupçonnée, *ajoutez*.

Il y en a un Arrêt du 28 Juillet 1714.

QUARANTIE'ME ADDITION.

Part. 3. Chap. 5. pag. 349. à la fin du nomb. 33, ajoutez de suite.

Il y en a un autre Arrêt, du 20 Décembre 1708, qui en conséquence a ordonné que la répétition des témoins venus à révélation, seroit refaite au dépens du Juge de Saint-Amand.

QUARANTE-UNIE'ME ADDITION.

Part. 3. Chap. 6. pag 388. à la fin du §. 11, ajoutez.

Au surplus, il est à observer que les Juges ne doivent point mettre d'épices sur des Jugemens qui déclarent les Moyens pertinens & admissibles, ou qui les rejettent comme inadmissibles : ainsi jugé par Arrêt du 9 Décembre 1711. Cet Arrêt est daté en une autre Note de M. Amyot, du 29 dudit mois, & a été rendu contre le Lieutenant Général du Bailliage de Montreuil sur Mer.

QUARANTE-DEUXIE'ME ADDITION.

Part. 3. Chap. 7. pag. 405. à la fin du nomb. 4, ajoutez *à lineá* ce qui suit.

Un décret d'assigné pour être oui, décerné contre un domicilié, doit lui être signifié à domicile, avec assignation à comparoir à un délai suffisant, pour que le décreté puisse arriver & faire son acte de comparution au Greffe. Dans une distance de quarante lieues, ce délai doit, selon la possibilité, être à jour préfix, au plus à la quinzaine : il seroit de huitaine contre un domicilié dans la Ville. Il convient mettre un jour préfix, attendu que l'Ordonnance de 1670 n'assujettit point les assignés pour être ouis aux délais des ajournemens en matiere Civile : il dépend des Cours Souveraines d'abréger ces délais suivant leur prudence & l'exigence des cas.

Si le décreté d'assigné pour être oui ne comparoît pas au jour préfix, la Partie civile doit lever son défaut au Greffe Criminel des Présentations, & par une Requête demander le Jugement du défaut, & que pour le profit le décret d'assigné pour être oui, soit converti en ajournement personnel; sur quoi intervient Jugement conforme à la demande : ce Jugement se signifie au domicile du décreté, avec assignation à comparoir en ajournement personnel, & alors il faut observer les délais portés par les Articles 4 & 5 du Titre 3 de l'Ordonnance de 1667.

Si l'accusé a son domicile à quarante lieues de Paris, il faut lui donner assignation au mois, & ainsi des autres à proportion de l'éloignement.

Si après l'échéance de l'assignation, non compris le jour d'icelle & celui de l'échéance, l'accusé ne comparoît pas, & n'ait pas fait son acte de comparution au Greffe & icelui signifié à Partie, la Partie civile, huitaine après le délai de l'assignation échu, levera son défaut au Greffe; quinzaine après elle demandera le Jugement de son défaut, & pour le profit requerra que le décret d'ajournement personnel soit converti en décret de prise de corps, & sur les conclusions de la Partie publique, intervient Jugement qui prononce cette conversion.

Ce qui forme trois délais avant cette derniere conversion, ausquels il faut s'assujettir à la rigueur; ensuite de quoi l'on instruit la grande contumace. Extrait d'une Consultation de M. Amyot, du 28 Avril 1736.

QUARANTE-TROISIE'ME ADDITION.

Part. 3. Chap. 7. pag. 416. ensuite de la quatriéme ligne de cette page, ajoutez *à lineâ.*

Cette répétition ne doit pas être faite par forme de recollement, mais par forme de déposition, c'est-à-dire, que le Juge doit faire rédiger mot à mot ce que les Huissiers & Recors diront être contenu en leur procès verbal: ainsi jugé par Arrêt du 2 Octobre 1711, avec injonction au Prevôt de la Bergeresse. Il y en a un pareil précédent, portant injonction au Sieur Lorrain, faisant les fonctions de Lieutenant Criminel du Bailliage d'Amboise.

QUARANTE-QUATRIE'ME ADDITION.

Part. 3. Chap. 9. pag. 424. à la fin du nomb. 4, ajoutez *à lineâ.*

Il en est de même des Procureurs du Roi pour leurs Conclusions. Par Arrêt du 2 Juillet 1710, il a été fait défenses au

Lieutenant Criminel & au Procureur du Roi de Saint-Pierre le Moustier, de plus à l'avenir prendre d'épices, quand il n'y a point eu de reglement à l'extraordinaire, ni instruction faite en conséquence, & ils ont été condamnés à restituer ceux qu'ils avoient prises sur une Sentence rendue contre un Paysan qui avoit injurié son Curé.

QUARANTE-CINQUIE'ME ADDITION.

Part. 3. Chap. 11. pag. 439. avant le nomb. 1. & après les mots de l'Ordonnance de 1670, ajoutez *à lineâ* ce qui suit.

Il est à observer que lorsque le Juge procede à l'interrogatoire d'un accusé, il ne peut, sous prétexte que les faits de l'interrogatoire sont attachés à la minute, laisser les demandes de l'interrogatoire en blanc. Cela étoit arrivé dans l'affaire de la Dame de Saffy; mais par Arrêt du 11 Décembre 1705, la Cour faisant droit sur les Conclusions de M. le Procureur Général, a enjoint au Lieutenant Criminel du Châtelet, en procédant aux interrogatoires des accusés, de faire mention de l'interrogatoire en entier & de la réponse des accusés; & aux Greffiers qui instrumenteront ès matieres Criminelles, de transcrire les interrogatoires tels qu'ils auront été proposés par le Juge, & les réponses telles qu'elles seront faites par les accusés sur les interrogations du Juge.

QUARANTE-SIXIE'ME ADDITION.

Part. 3. Chap. 11. pag. 441. à la fin du nomb. 4, ajoutez *à lineâ.*

Il en est de même des témoins assignés qui n'entendent pas la Langue Françoise, que de l'accusé; il faut que le Juge leur nomme un interpréte, auquel il fasse prêter le serment, & qu'il le fasse signer dans tous les actes conjointement avec le témoin: c'est ce qui a été décidé par Arrêt du 20 Février 1696, qui a enjoint au Lieutenant Général de l'Amirauté de Dunkerque, de nommer d'office en ce cas aux témoins un interpréte, auquel il fera prêter le serment de bien & fidellement faire cette charge, par un acte séparé; & avant d'entendre les témoins en leurs dépositions, de faire prêter serment à chaque déposition au témoin & à l'interpréte; faire lecture de la plainte à l'interpréte, qui en expliquera les faits au témoin

moin, & ensuite faire rédiger la déposition suivant qu'elle lui sera récitée par l'interpréte sur l'interprétation par lui tirée du témoin, & à la fin de chaque déposition faire signer le témoin & l'interpréte, & aux recollement & confrontation d'observer les mêmes formalités, & du tout en faire mention tout au long à chacun desdits actes, comme aussi de faire lecture à chaque confrontation du recollement du témoin, à peine de nullité & d'interdiction.

QUARANTE-SEPTIE'ME ADDITION.

Part. 3. Chap. 11. pag. 442. à la fin du nomb. 7, ajoutez.

Quoique l'accusé ait pris droit par les informations, le Juge ne doit point prononcer contre lui de peine infamante, parce que pour asseoir valablement une pareille peine, il faut nécessairement un recollement & une confrontation des témoins, sinon la Sentence seroit déclarée nulle & le Juge condamné de rendre les épices.

QUARANTE-HUITIE'ME ADDITION.

Part. 3. pag. 451. à la fin du Chap. 12, ajoutez ce qui suit.

5. Il y a un Arrêt du 27 Octobre 1678, qui ordonne que les Greffiers, tant Civils que Criminels, seront tenus de descendre dans les Prisons, & d'y prononcer aux Prisonniers les Sentences & Jugemens qui auront été rendus à leur sujet, dans les vingt-quatre heures. Comme cet Arrêt forme un Reglement, & qu'il a été omis dans la quatriéme Partie de cet Ouvrage, on va le rapporter ici en son entier.

LA COUR, en la Chambre des Vacations, après avoir oui Parmentier, Substitut pour le Procureur Général du Roi; faisant droit sur les Conclusions par lui prises, a ordonné & ordonne que les Ordonnances, Arrêts & Reglemens de la Cour seront exécutés selon leur forme & teneur ; ce faisant, que les Greffiers, tant Civils que Criminels, seront tenus de descendre dans les Prisons & d'y prononcer aux prisonniers les Sentences & Jugemens qui auront été contr'eux rendus, ensemble ceux d'élargissement & même interlocutoires, & ce dans les vingt-quatre heures qu'ils auront été rendus, quoiqu'ils n'ayent été levés par les Parties civiles, si aucune y a; de faire mention sur les Registres de la Géole, à côté des écroues, desdites prononciations, & sur iceux transcrire & insérer les dictums en entier desdites Sentences & Jugemens, & ce à peine d'interdiction, de trois cens livres d'amende & de tous dépens, dommages & intérêts envers les prisonniers; lesquelles peines demeureront encourues contre les contrevenans en vertu du présent Arrêt, & sans qu'il en soit besoin d'autre. Enjoint pareillement aux Huissiers, Sergens & autres, lorsqu'ils transfereront des prisonniers d'une prison dans une autre, de faire écrire sur le Registre de la Géole où ils les conduiront, les premieres causes d'emprisonnement & les recommandations qu'ils auront trouvé sur les Registres des Prisons d'où les prisonniers auront été amenés, ensemble de faire mention des Titres en vertu desquels ils ont été faits, noms & élections de domicile des Parties, sous les mêmes peines de trois cens livres d'amende & de tous dépens, dommages & intérêts envers les prisonniers & d'interdiction de leurs Charges. Et sera le présent Arrêt lû, publié & affiché dans toutes les Prisons. Fait à l'ancien Châtelet, la Chambre des Vacations y séant, le 27 Octobre 1678.

Voyez l'Article 37 du Reglement du 18 Juin 1717.

QUARANTE-NEUVIE'ME ADDITION.

Part. 3. pag. 451. à la fin du Chap. 12, ajoutez.

5. La Cour ayant renvoyé l'instruction du procès d'un accusé prisonnier devant un Juge, ce Juge ne peut élargir de sa propre autorité le prisonnier après qu'il aura subi interrogatoire : il faut que l'accusé ait recours à la Cour, pour obtenir sa liberté, sur le vû de l'information & de l'interrogatoire; & si le Juge l'ordonnoit, on l'obligeroit en son nom de le faire réintegrer, & faute de ce, il pourroit être condamné en des dommages & intérêts envers la Partie civile.

CINQUANTIE'ME ADDITION.

Part. 3. Chap. 13. Sect. 1. pag. 452. à la fin du nomb. 2, ajoutez de suite.

Il y en a un autre Arrêt du 13 May 1709, qui a fait défenses au Lieutenant Criminel de Rouanne, de procéder par recollement & confrontation dans les matieres légeres, & au Procureur Fiscal de ce Duché de le requérir.

CINQUANTE-UNIE'ME ADDITION.

Part. 3. Chap. 13. pag. 463. à la fin du nomb. 4, ajoutez *à lineâ.*

Suivant un Arrêt du 21 Mars 1702, rapporté dans les Notes manuſcrites de M. Amyot, il a été jugé que les témoins qui dans leurs dépoſitions auront déclaré n'avoir aucune connoiſſance des faits articulés par la plainte, ou qui auront déclaré être parens de l'une ou de l'autre des Parties au dégré de l'Ordonnance, ne doivent point être recollés ni confrontés. Cet Arrêt a été rendu contre le Lieutenant Civil & Criminel du Bailliage de Châtillon ſur Marne, à qui cet Arrêt a fait en outre défenſes de recevoir les accuſés dans leurs faits juſtificatifs, qu'en procédant actuellement à la viſite & jugement des procès ; & lui a enjoint, tant audit Juge qu'au Greffier du Siege, de rendre & reſtituer les ſommes par eux induement perçues pour les frais & couts des procès-verbaux de jurande de témoins, recollemens & confrontations de ceux qui avoient déclaré n'avoir aucune connoiſſance des faits portés en la plainte, ou de ceux qui ont déclaré être parens des Parties au dégré de l'Ordonnance, & du procès-verbal d'enquête, enſemble de rendre la moitié des épices par eux induement exigées pour le Jugement du procès.

CINQUANTE-DEUXIE'ME ADDITION.

Part. 3. Chap. 13. pag. 456. à la fin du nomb. 14, ajoutez de ſuite.

Lorſqu'un accuſé ne paroît point pour ſubir la confrontation, le Juge doit convertir l'ajournement perſonnel en décret de priſe de corps ; mais il doit inſtruire la contumace avant que d'ordonner que le recollement vaudra confrontation. Ainſi jugé par Arrêt du 27 Octobre 1711, avec injonction au Sieur Babat, Lieutenant Criminel de Montmorillon.

CINQUANTE-TROISIE'ME ADDITION.

Part. 3. Chap. 13. pag. 460. ligne 16. après le mot Préſenté, *ajoutez* de ſuite.

Voyez ci-après nombre 33.

CINQUANTE-QUATRIE'ME ADDITION.

Part. 3. Chap. 13. pag. 460. à la fin de cette page, ajoutez ce qui fuit.

Mais le défaut de lecture à la fin de la confrontation, n'opereroit pas une nullité capable de faire caffer une procédure. C'eft ce qui a été décidé par Arrêt du 16 Janvier 1710, fur l'appel d'une procédure faite par le Lieutenant Criminel de Magny : ce Juge n'avoit point fait faire lecture à la fin des confrontations. Cette nullité relevée & mife en déliberation, il fut arrêté que le procès feroit jugé en l'état où il étoit, & que ce défaut ne pouvoit paffer pour une nullité, attendu que cette formalité n'eft pas précifément portée par l'Ordonnance.

CINQUANTE-CINQUIE'ME ADDITION.

Part. 3. Chap. 13. pag. 461. à la fin du nomb. 22, ajoutez *à lineâ.*

Dixiémement, les confrontations de tous les témoins à un accufé, doivent être dans un feul cahier; ce qui eft requis afin que les intitulés ne foient pas réiterés & ne multiplient pas les groffes, joint que cela eft bien plus facile pour le rapport du procès ; mais ce défaut n'engendreroit point une nullité, & n'opereroit qu'une injonction au Greffier.

CINQUANTE-SIXIE'ME ADDITION.

Part. 3. Chap. 13. pag. 463. à la fin du nomb. 28, mettez *à lineâ* ce qui fuit.

D'où il faut conclure que la confrontation des accufés les uns aux autres eft nulle, lorfqu'ils n'ont pas été recollés en leurs interrogatoires. Ainfi jugé par Arrêt du 29 May 1693, qui a enjoint aux Officiers du Bailliage de Mâcon d'obferver l'Ordonnance, & a ordonné que l'Arrêt feroit lû, publié & enregiftré tant au Bailliage de Mâcon qu'aux autres Bailliages, Sénéchauffées & Juftices du reffort du Parlement.

Il faut auffi bien prendre garde en procédant au recollement des co-accufés fur leurs interrogatoires & à leur confrontation des uns aux autres, de leur faire lecture de leur recollement & confrontation ; car cette omiſſion ſeroit une nullité préjudiciable au Juge, en ce que la procédure ſeroit recommencée devant un autre Juge à ſes frais ; c'eſt ce qui a été jugé en pareil cas par Arrêt du .... 1745, qui a ordonné que la procédure ſeroit refaite par le Lieutenant Criminel de Melun, aux frais du Lieutenant de la Prevôté du Comté de Coubert.

Voyez l'Arrêt du 10 Février 1711, dans l'Addition, à la Part. 3. Chap. 4. pag. 329. à la fin du nomb. 15.

CINQUANTE-SEPTIE'ME ADDITION.

Part. 3. Chap. 13. pag. 463. à la fin du nomb. 28, ajoutez *à lineâ*.

Il eſt en outre à obſerver que lorſqu'il y a pluſieurs accuſés, il faut un Jugement qui ordonne préciſément leur recollement en leurs interrogatoires, & confrontation les uns aux autres ; le Jugement qui l'ordonne pour les témoins ne pouvant ſuppléer pour les accuſés. C'eſt ce qui a été jugé par Arrêt du 28 May 1696, au Rapport de M. Barentin, par lequel la Cour, en caſſant & annullant toute la procédure faite par le Juge du Comté de Lyon, & en ordonnant qu'elle ſeroit recommencée devant le Lieutenant Criminel du Préſidial de Lyon, a enjoint audit Juge d'obſerver l'Ordonnance, & conformément à icelle, lors de la confrontation, après le ſerment pris de l'accuſé & du témoin, les interpeller à chaque confrontation, ſans l'obmettre à aucune, de déclarer s'ils ſe connoiſſent, &c. & du tout en faire mention, ſuivant les Articles 14, 15 & 16 du Titre 15 de l'Ordonnance de 1670; & en outre lui a enjoint de ne recoller les accuſés en leurs interrogatoires, ni les confronter les uns aux autres, que préalablement il n'ait rendu un Jugement qui l'ordonne, ni de plus ordonner que les frais de Juſtice ſeront pris ſur les amendes.

CINQUANTE-HUITIE'ME ADDITION.

Part. 3. Chap. 13. Sect. 1. pag. 464. à la fin du nomb. 33, ajoutez *à lineâ* ce qui ſuit.

Nota 1°. L'Arrêt contre le Lieutenant Criminel de Luſignan, eſt daté dans les Notes manuſcrites de M. Amyot, du

25 Octobre 1698. Il y fait mention que cet Arrêt a été rendu au sujet d'une procédure faite par le Juge de Lusignan, qui ayant à instruire sur une rébellion prétendue faite à des Huissiers par un Particulier, ordonna qu'à la confrontation des Huissiers, il seroit supposé une autre personne à la place du nommé Girou, accusé : il nomma d'office à cet effet le nommé Catheron, Bourgeois de Lusignan, qui fit le personnage d'accusé, fut confronté aux Huissiers, & signa la confrontation. Ensuite le véritable accusé rendit plainte au même Juge de ce que ces Huissiers ayant pris Catheron pour lui, avoient manifestement fait un faux procès-verbal. Sur cette plainte, information; Catheron est entendu, & les Huissiers sont décretés de prise de corps. Appel de leur part porté au Parlement. Par l'Arrêt qui intervint en Vacations, la Cour déclara nulle toute cette instruction, ordonna que le Lieutenant Criminel de Lusignan seroit assigné pour être oui & interrogé, & lui fit défenses de faire aucune pareille supposition à l'avenir.

Nota 2°. L'Arrêt contre un Conseiller de la Conservation de Lyon, qui est cité dans le Traité des Matieres Criminelles du 17 Mars 1712, est daté dans les mêmes Notes manuscrites de M. Amyot, du 17 Mars 1702, & il rapporte l'espece de cet Arrêt en ces termes :

Le fait est que ce Juge auroit ordonné cette supposition d'accusé, sur la Requête à lui présentée par le véritable accusé, auquel supposé accusé, Benoît Samuel témoin, ayant été confronté, il auroit persisté dans sa déposition & son recollement, & soutenu que c'étoit de l'accusé présent dont il avoit entendu parler en sa déposition. Le Juge prétendant que c'étoit un faux témoin, il auroit décreté contre lui, & icelui emprisonné & interrogé; & par son interrogatoire il paroît que ce témoin avoit changé la meilleure partie de sa déposition, & depuis ce même témoin avoit passé un Acte pardevant Notaires, par lequel il confirme entierement sa déposition. Quelques-uns prétendoient que ce témoin étoit bien criminel & qu'il lui falloit faire son procès, attendu ses divers changemens; mais on a répondu que la Cour n'étoit pas en état de le faire, & qu'on ne pouvoit point l'ordonner, & qu'au contraire il falloit casser toute cette procédure & laisser la liberté de confronter tout de nouveau ce témoin au véritable accusé, n'y ayant rien du tout qui pût l'empêcher, par la nullité de toute la procédure, qui est que la confrontation étant nulle, n'étant pas permis à un Juge de faire des suppositions de cette nature, qui est tendre un piége pernicieux à des témoins; le décret est pareillement nul, son emprisonnement & son interrogatoire de même, & qu'ainsi on devoit considerer tout ce qui avoit été dit & déclaré par ce témoin comme une iniquité de la part du Juge, qui avoit extorqué du témoin tout ce qu'il avoit desiré; & la Cour l'a ainsi jugé par ledit Arrêt.

CINQUANTE-NEUVIE'ME ADDITION.

Part. 3. Chap. 13. pag. 466. à la fin de la Section premiere, ajoutez *à lineâ* ce qui suit.

38. L'on demande si un Juge qui a fait des nullités dans un Procès criminel, les peut rétablir lui-même avant le Jugement deffinitif, en recommençant les actes ausquels il y a nullité?

Il n'y a que trois Articles dans l'Ordonnance dans lesquels il en est parlé.

1°. L'Article 14 du Titre 6 des Informations.

2°. L'Article 8 du Titre 14 des Interrogatoires.

3°. L'Article 24 du Titre 15 des Recollemens & Confrontations.

Aucun de ces Articles ne donne pouvoir au même Juge de recommencer lui-même la procédure nulle qu'il auroit faite. Les deux premiers Articles ne le lui défendent pas positivement; mais en l'Art. 24 du Titre 15, il est porté en termes exprès que le Juge qui aura commis nullité, sera tenu de payer les frais de celui qui procédera à refaire les actes nuls: on peut tirer de-là la conséquence que l'Ordonnance n'a jamais entendu que le même Juge qui aura commis une nullité dans sa procédure la puisse lui-même rétablir en recommençant les mêmes actes, notamment les actes de confrontation. Si l'Ordonnance avoit entendu que le même Juge pût rétablir la nullité par lui commise, n'auroit-elle pas dit: Si le Juge a commis nullité, il la pourra lui-même rétablir; mais elle a dit tout le contraire en cet Article 24 du Titre 15.

Cependant dans les Articles du Titre 6 & du Titre 14, elle laisse aux Juges le soin d'examiner s'il y a des nullités dans la procédure : De quels Juges entend-t'elles parler ?

Raison d'inconvénient, si l'Ordonnance entendoit parler du Juge qui auroit instruit.

Il pourroit arriver qu'un Juge qui voudroit faire plaisir à un accusé, déclareroit sa procédure nulle, qui ne le seroit pas, afin de donner du tems à l'accusé de prendre des moyens pour se sauver & détourner le châtiment que mérite son crime, soit en subornant les témoins des dépositions desquelles il auroit connoissance, ou par toute autre voye : un témoin pourroit changer à sa seconde confrontation, &c. or cet inconvénient seul est si considérable, qu'il n'y a pas lieu de douter que pour cette seule considération il ne peut jamais être permis à un Juge qui a commis une nullité, de déclarer son acte nul & de le recommencer lui-même, *quia semel functus est officio*, particuliérement dans les actes de recollement & de confrontation qui ne se réiterent point par le même Juge ; autre chose est de l'interrogatoire, &, si l'on veut, de l'information, de laquelle on peut répéter le témoin, encore à l'égard du témoin y a-t'il plus de difficulté, puisque par les Arrêts de la Cour il est fait défenses à un Juge d'entendre un témoin deux fois en déposition sur un même fait d'accusation en conséquence de la même plainte.

Le Procès-verbal de Conférence des Ordonnances, sur l'Article ci-dessus, dit seulement que les Articles 14 du Titre 6, & 24 du Titre 15, ont été trouvés bons ; & à l'égard de l'Article 8 du Titre 14, où il est parlé de la nullité...... il est dit seulement (sur ce que quelques-uns de Messieurs soutenoient qu'il falloit donner conseil aux accusés) que pour examiner les défauts de la procédure, qui est une des parties les plus essentielles des procès criminels, la fin de l'Article y avoit pourvû, en laissant à la religion des Juges le soin d'examiner ces défauts, personne ne le pouvant mieux connoître que les Juges mêmes.

Cette question ayant été agitée en la Premiere Chambre des Enquêtes, furent mandés Me Drouet & Me Claude Amyot, & ensemble furent d'avis que le Juge qui avoit fait des nullités dans une procédure, la pouvoit recommencer, pourvû que ce fût avant le Jugement définitif, fondé sur cette seule raison que le Juge n'ayant pas jugé, il pouvoit rétablir les procédures qu'il avoit mal faites, mais qu'après le Jugement il ne le pouvoit plus.

39. L'on demande encore, quand après une confrontation le Procureur du Roi, qui doit prendre des Conclusions deffinitives, dit, qu'attendu les nullités il ne peut prendre des Conclusions, est-ce au Juge qui a fait les nullités d'ordonner que les Actes nuls seront recommencés & faits de nouveau; ou bien plutôt si ce n'est pas à son Lieutenant de rendre ce Jugement? Ne peut-on pas regarder en cette rencontre le Juge qui a fait les nullités, comme un Juge récusé qui ne peut rien ordonner?

Me Amyot, consulté sur cette question, répondit, qu'un Juge, sans difficulté, pouvoit se corriger & refaire sa procédure, quand il remarque qu'il y a fait des nullités avant le Jugement deffinitif du procès; mais s'il avoit jugé, tout seroit consommé, il ne pourroit plus la rétablir. Il seroit fâcheux qu'un Juge qui reconnoît sa faute, ne pût la réparer, & qu'il fût obligé de juger sur une procédure pour être ensuite cassée par le Juge superieur, où l'appel doit ressortir, ou du moins, s'il ne jugeoit pas, qu'il fût obligé d'en avertir son Lieutenant, ou bien la renvoyer à son supérieur qui la casseroit de même. Mais il faut, pour rendre le Jugement qui déclare la procédure nulle, que le Juge se fasse assister de deux Praticiens plus anciens de son Siege, suivant l'ordre du Tableau, s'il n'y a point d'autres Juges dans la Jurisdiction. S'il Jugeoit seul, son Jugement seroit nul; mais en jugeant *calatis comitiis*, au nombre de trois, ce Jugement est valide, & le nombre des Juges dissipe tous les inconvéniens proposés.

40. Un Juge commis par la Cour, pour continuer une procédure faite par un autre Juge, ne peut la déclarer nulle, lorsqu'il y trouve quelque nullité, mais il doit la renvoyer en la Cour pour en être statué. Cela a été observé par le Lieutenant Criminel de Blois, Juge commis par la Cour, ainsi qu'il appert par l'Arrêt ci-dessous; cependant feu Me Amyot, suivant une Note en marge de la feuille, est d'avis que le Lieutenant Criminel pouvoit par déliberation de Conseil, la déclarer nulle & la refaire.

L'Arrêt dont l'on vient de parler, est du 13 Juillet 1702. Le Procureur du Roi de Blois, avoit présenté une Requête au Lieutenant Criminel, expositive entr'autres choses, qu'ayant pris communication du procès en question, il avoit reconnu que le Juge de Bessé, en procédant aux informations, auroit omis de faire déclarer aux témoins s'ils étoient serviteurs des Parties, pourquoi auroit requis que les informations fussent apportées au Greffe Criminel de la Cour, pour y être par elle statué ainsi qu'il appartiendra : au bas de laquelle Requête est l'Ordonnance dudit Juge commis, portant qu'elle seroit renvoyée au Greffe de la Cour, pour y être par elle statué. La Cour, sur le Rapport de M. Gaudart, cassa de nouveau toutes les informations qui avoient été faites par le Juge de Courtanvaut à Bessé, ordonna que toutes les piéces du procès seroient portées au Greffe de Blois, &c. & fit l'injonction ordinaire au Juge de Courtanvaut.

SOIXANTIE'ME ADDITION.

Part. 3. Chap. 13. pag. 473. à la fin du Stile de la Confrontation de l'accusé à chaque témoin, ajoutez.

Il faut observer que lorsque l'accusé a fourni de reproches contre quelques témoins, le Juge ne doit pas se contenter qu'il employe les mêmes reproches contre les autres témoins qui lui sont confrontés, sans les répéter en détail : autrement, il y a quelques Criminalistes qui pensent que ce seroit une nullité dans la confrontation de ce témoin.

SOIXANTE-UNIE'ME ADDITION.

Part. 3. Chap. 14. pag. 482. à la fin du nomb. 11, ajoutez *à lineâ.*

M. Amyot écrit dans ses Notes manuscrites, que lorsque le procès a été instruit aux frais du Domaine d'un Seigneur, l'accusé obtenant des Lettres de grace, il est toujours dû une amende ou autre indemnité au Seigneur, pour le dédommager des frais de Justice ; & il en rapporte plusieurs Arrêts.

Le premier du 11 Janvier 1691, sur le procès criminel fait par le Juge de la Terre de Beauvois sur Mer, appartenant à Madame la Duchesse de Lesdiguieres, à la Requete du Procureur Fiscal. Les Lettres de Rémission obtenues par le Sieur de Vaudoré, Cheveau-leger de la garde du Roi, pour avoir été présent à la mort du nommé Bonneville, Opérateur, ont été entherinées, & néanmoins l'accusé fut condamné en 4 liv. d'aumône, en 10 liv. de Prieres, & en 300 liv. d'amende envers Madame de Lesdiguieres : cette amende fut prononcée d'office, pour l'indemniser des frais qui n'étoient que d'inſtruction ſans tranſlation, le rémiſſionnaire s'étant remis volontairement priſonnier. Ces ſortes d'amende ne ſont point infamantes.

Autre Arrêt du 21 May 1706, ſur le procès criminel inſtruit par le Bailly de Muſſy-l'Evêque, à la Requête du Procureur Fiſcal, contre Antoine Noël, accuſé d'avoir tiré un coup de fuſil au nommé Claude Vauvilliers, dit le Prince, qui en mourut. Sur les Lettres de Rémiſſion obtenues en grande Chancellerie, Arrêt qui entherina, & néanmoins l'accuſé condamné en 4 liv. d'aumône, 4 liv. de Prieres, 150 liv. d'amende vers le Seigneur de Muſſy, & en dommages-intérêts vers une Partie intervenante, & aux dépens de l'intervention. Le procès avoit été inſtruit à la Requête du Procureur Fiſcal ſeul; l'intervention n'avoit été formée qu'en la Cour, & la Cour prononça l'amende au Seigneur, ſans que celui-ci eût demandé d'indemnité.

Autre Arrêt du 23 Juin 1712, au Rapport de M. Chaſſepot de Beaumont. L'Arrêt d'entherinement condamne le nommé Laurent le Clerc en 3 liv. d'aumône, 3 liv. de Prieres, & 100 liv. d'amende envers la Dame de Blcrancourt. Cette amende fut prononcée d'office & par indemnité. Les Lettres avoient été obtenues en la grande Chancellerie.

SOIXANTE-DEUXIE'ME ADDITION.

Part. 3. Chap. 14. à la fin du nomb. 13, pag. 483. ajoutez *à lineâ.*

Il eſt néanmoins à obſerver que la Cour en entherinant les Lettres de Rémiſſion, peut infliger quelque peine légere aux accuſés. Il y en a pluſieurs exemples.

Par Arrêt du 3 Septembre 1674, les Lettres de Rémiſſion obtenues par le nommé Herminot, ont été entherinées, & néanmoins il a été ordonné qu'il s'abſtiendroit du Bailliage de Langres & Comté de Bar ſur Seine, pour trois ans.

Par autre Arrêt du 21 Juin 1678, en entherinant les Lettres de Rémiſſion obtenues par Hercules & Guillaume de Mariniere, il a été ordonné qu'ils s'abſtiendroient pendant dix ans de dix lieues ès environs du Château de Nanteuil.

Autre Arrêt du 15 Décembre 1678, qui a entheriné les Lettres de Rémiſſion obtenues par Pierre Garnier, Sieur Dubreuil, & néanmoins l'a condamné de s'abſtenir de l'étendue ‹e la Baronnie de Sainte-Solême, pendant trois ans.

Par autre Arrêt du 2 Décembre 1682, les Lettres de Rémiſſion obtenues par Laurent Thurot, ont été entherinées, & néanmoins il a été condamné au blâme.

Enfin par un dernier Arrêt du 25 Mars 1709, les Lettres de Rémiſſion obtenues par Jean-Armand de Réthy de Villeneuve, ont pareillement été entherinées, & néanmoins il a été ordonné qu'il s'abſtiendroit pendant un an d'entrer dans le lieu & ſur la Terre de Leneville, & dans les lieux où ſe trouveront Marie-Madeleine de Réthy de Villeneuve & Adrien-Charles Dieu-donné de Rameſay, ſon fils, ſous telle peine qu'il appartiendroit.

SOIXANTE-TROISIE'ME ADDITION.

Part. 3. Chap. 14. pag. 484. à la fin de ce Chapitre, ajoutez ce qui ſuit.

24. Au Parlement de Paris, l'uſage eſt que toutes Lettres de Rémiſſion, ſoit de grande ou de petite Chancellerie, accordées à un Roturier & adreſſées au Parlement, attendu l'appel de la procédure extraordinaire relevé par Arrêt du Parlement, y ſont entherinées juridiquement. Mais quand les Lettres de Rémiſſion ſont adreſſées à un Juge inférieur, le Parlement ne peut en connoître, en conſéquence de l'appel de la procédure extraordinaire. Si le Juge inférieur a rendu ſa Sentence deffinitive lorſque les Lettres de Rémiſſion lui ſont adreſſées, il n'eſt plus compétent pour ſtatuer ſur ces Lettres: le Parlement ne peut pas non plus les entheriner; mais on ſe pourvoit au Sceau, qui alors, attendu que le premier Juge *votum emiſit*, change l'adreſſe des Lettres & la met au Parlement.

25. Quoiqu'il ſe trouve des nullités dans l'inſtruction du procès faite par le premier Juge, ſouvent la Cour, lorſque les charges ſe trouvent conformes à l'expoſé des Lettres, paſſe outre à l'entherinement en faveur de l'accuſé. C'eſt ce qui fut obſervé par Arrêts des 18 Février & 18 Mars 1715, en procédant à l'entherinement des Lettres de Rémiſſion obtenues par les nommés Forceville & Dubreuil. La Cour ſe contenta par le dernier Arrêt de faire des injonctions au Sénéchal de Jarnac qui avoit inſtruit.

26. Le Roi étant maître de ſes graces, déroge quelquefois

par les Lettres de Rémiſſion qu'il accorde, à l'Article 17 du Titre 24 de l'Ordonnance de 1670, & diſpenſe les impétrans de ſe repréſenter pour l'entherinement, mais les exemples en ſont très-rares.

SOIXANTE-QUATRIE'ME ADDITION.

Part. 3. pag. 484. à la fin du Chap. 14, ajoutez ce qui ſuit.

Dans le cas où un accuſé auroit obtenu des Lettres de Rémiſſion, s'il ſe trouve des nullités dans la procédure, il eſt de la regle de recommencer les informations, & quand elles ſont refaites, d'interroger de nouveau l'accuſé & demandeur en Lettres; mais ces Lettres doivent toujours ſubſiſter, quoiqu'elles ſoient antérieures à la nouvelle procédure qui a été refaite : ainſi jugé par Arrêt du 31 Mars 1711, en déclarant une procédure nulle être refaite aux dépens du Bailly & Procureur Fiſcal de Sceaux, dans l'affaire du Sieur Marchais, Commandant la Maréchauſſée du Bourg-la-Reine.

SOIXANTE-CINQUIE'ME ADDITION.

Part. 3. Chap. 15. pag. 486. à la fin du Nota 2°, ajoutez *à lineâ.*

Les Lettres de rappel de Ban ou de Galeres, ne ſont entherinées au Parlement que lorſque ces peines ont été prononcées par Arrêt contradictoire, ou par Jugement donné en dernier reſſort auſſi contradictoire, dans les cas où les Juges ſont fondés à juger en dernier reſſort ſuivant l'Ordonnance. C'eſt la déciſion que donna M. Barrin de la Galiſſonniere, Subſtitut de M. le Procureur Général, à l'occaſion du nommé Barault, condamné par Arrêt de contumace aux Galeres, ſur une accuſation de faux.

SOIXANTE-SIXIE'ME ADDITION.

Part. 3. Chap. 17. pag. 523. à la fin du Nota 2°, ajoutez *à lineâ.*

Quoique l'Article 8 du Titre 18 de l'Ordonnance de 1670, ne diſe point que le défaut de l'une des trois interpellations y exprimées emportera nullité, il faut tenir que ſi le Juge omettoit l'une de ces trois interpellations, cette omiſſion opereroit une nullité, ainsi qu'il a été jugé par un Arrêt du 26 Octobre 1684, rendu en Vacations, qui a déclaré nulle une procédure faite par le Prevôt d'Andresy, sur le seul motif qu'il n'avoit fait à l'accusé qu'une des trois interpellations prescrites par cet Article.

SOIXANTE-SEPTIE'ME ADDITION.

Part. 3. Chap. 24. pag. 573. à la fin du nomb. 10, ajoutez *à lineâ*.

Il est encore à remarquer que l'appel en matiere Criminelle est de plein droit; de sorte que les premiers Juges ne peuvent faire exécuter leurs Sentences portant condamnation à peine afflictive ou infamante, quand même le condamné y acquiesceroit. Il y a plusieurs Arrêts qui ont fait des injonctions à des premiers Juges pour pareil cas, entr'autres un du 26 Octobre 1708, contre le Lieutenant Criminel de Saint-Estienne en Forest; un autre du 12 Octobre 1712, qui a fait une pareille injonction au Juge de Lupy.

SOIXANTE-HUITIE'ME ADDITION.

Part. 3. Chap. 24. à la fin du nomb. 11. pag. 574, ajoutez *à lineâ*.

L'usage de la Tournelle Criminelle du Parlement de Paris, est que les procès où il échet condamnation de Galeres à perpétuité ou pour neuf ans, ne se jugent que le matin. Galeres jusqu'à cinq ans, le matin & de relevée.

Bannissement à perpétuité du Royaume, le matin.

Amende honorable, le matin.

Condamnation à être fustigé, flétri & banni à tems ou à perpétuité du Ressort d'un Bailliage, le matin & de relevée.

Femme authentiquée, le matin.

Déclaration à genouil, Abstention, le Blâme, l'Admonition, & autres peines approchantes, le matin & de relevée.

Interdiction d'Officiers à tems ou à toujours, le matin & de relevée.

De même de la condamnation au Carcan. De même encore du plus amplement informé, même *usquequò*.

A l'égard de la condamnation à mort & à la question, elle est de plein droit pour le matin.

SOIXANTE-NEUVIE'ME ADDITION.

Part. 3. Chap. 24. pag. 581. avant le Nota qui eſt dans cette page, ajoutez *à lineâ.*

Le Seigneur devant néceſſairement les frais des procès criminels qui s'inſtruiſent à la Requête de ſon Procureur Fiſcal, ce Procureur Fiſcal ne doit point requérir, & le Juge ne peut point ordonner que les frais de Juſtice ſeront pris préalablement ſur les biens déclarés confiſqués ; la Juſtice doit inſtruire gratis à la Requête du Procureur Fiſcal : la confiſcation indemniſe ou eſt préſumée indemniſer le Seigneur qui doit faire les frais ; c'eſt pourquoi il ne faut point par la Sentence deffinitive faire mention de ces mots, (les frais de Juſtice préalablement pris ſur iceux) ce qui ſuffiroit pour faire infirmer la Sentence, & donneroit occaſion à la Cour de faire une injonction au Juge.

SOIXANTE-DIXIE'ME ADDITION.

Part. 3. Chap. 24. nomb. 42. pag. 586.

Il faut ajouter que la peine du banniſſement à perpétuité hors du Parlement, prononcée contre une fille ou femme, emporte auſſi confiſcation de biens ; car anciennement on les banniſſoit hors du Royaume. Cette Juriſprudence a changé à cauſe de la décence qui ne permet pas qu'une femme ſe puiſſe aiſément retirer hors du Royaume ; mais bien entendu qu'en ne les banniſſant que du Reſſort du Parlement, cette peine emporteroit la confiſcation de biens : c'eſt ce qui a été jugé depuis longues années par tous les Arrêts qui ſe ſont rendus à la Tournelle, & ce qui s'obſerve actuellement.

SOIXANTE-ONZIE'ME ADDITION.

Part. 3. Chap. 25. pag. 600. ajoutez à la fin du nomb. 2.

Au reſte, il eſt à obſerver que dans une même Officialité, il ne peut pas y avoir pluſieurs Officiaux. Par Arrêts des 4 Mars 1690 & 13 Août 1698, donnés en l'Audience de la Tournelle, une procédure faite par pluſieurs Officiaux dans l'Officialité de Bourges, où il y en avoit trois de nommés pour instruire chacun alternativement, a été déclarée nulle & abusive.

SOIXANTE-DOUZIE'ME ADDITION.

Part. 3. Chap. 26. pag. 607. à la fin du nomb. 26, ajoutez *à lineâ* ce qui suit.

Il faut observer à ce sujet que suivant le Reglement du 10 Juillet 1665, Article 42, les Greffiers qui envoyent au Greffe de la Cour la grosse des procès criminels, ne peuvent grossoyer autres Pieces que les secrettes; sçavoir, la Plainte, les Informations, Interrogatoires, Recollemens, Confrontations, & Conclusions du Substitut du Procureur Général, & Rapports en Chirurgie; de la grosse desquelles Pieces seulement il peut être délivré exécutoire, sans pouvoir grossoyer les Requêtes, Ordonnances, & autres Pieces servant seulement à l'instruction.

L'exécution de ce Reglement a été ordonnée par Arrêt du 13 May 1709, qui a enjoint à Jean Neveu, Greffier de la Justice du Duché de Roannés, de s'y conformer, & a ordonné qu'il seroit tenu de rendre les sommes par lui touchées pour les Pieces grossoyées en contravention de ce Reglement.

SOIXANTE-TREIZIE'ME ADDITION.

Part. 4. à la fin de la page 674, il faut inserer la Déclaration qui suit.

DECLARATION DU ROI

Concernant le Privilege des Officiers qui peuvent demander d'être jugés en la Grand-Chambre.

Du 26 Mars 1676.

LOUIS par la grace de Dieu, Roi de France & de Navarre : A tous ceux, &c. Le Roi François I, desirant procurer une prompte expédition des Procès criminels, auroit par son Edit du mois d'Avril 1514, établi perpétuelle une Chambre établie quelques années auparavant en notre Cour de Parlement de Paris, pour soulager la Grand-Chambre, pendant qu'elle donnoit Audience du Jugement des Procès instruits pour des crimes qui ne méritoient pas la mort, & ordonné que cette Chambre connoîtroit de tous Procès criminels,

nels, à la réserve de ceux où il s'agiroit de Cléricature, ou des crimes commis par des Gentilshommes ou autres personnages d'Etat ; & comme il survint dans la suite quelques contestations sur ce sujet entre les Grand-Chambre & celles des Tournelles établies en notredite Cour & dans nos autres Parlemens, le Roi Charles IX expliqua les derniers termes de cet Edit de 1514, en faveur des Officiers Royaux, & ordonna entre autres choses par l'Art. 38 de son Ordonnance faite à Moulins en 1566, que les Procès criminels qui leur pourroient être faits, seroient instruits & jugés par les Grands-Chambres de nos Parlemens lorsqu'ils le demanderoient ; & d'autant qu'il ne seroit pas juste que tous les Officiers de Judicature, dont le nombre est beaucoup augmenté depuis ce tems, jouissent indifféremment de ce Privilege, sous prétexte des termes généraux dans lesquels cette Ordonnance est conçue, & que d'ailleurs la Grand-Chambre de notre Parlement de Paris se trouvant chargée de plusieurs Procès civils où les Audiences ne pourroient pas donner le tems nécessaire pour l'expédition de tous les Procès criminels où nos Officiers pourroient être accusés, Nous avons jugé à propos & estimé de regler par une Loi précise ceux de nos Officiers de Judicature qui auroient cet avantage, & voulant aussi rendre les poursuites & le jugement des Procès criminels instruits à la Requête de notre Procureur Général du Parlement de Paris, plus solemnels, comme étant la plûpart importans à notre service & au bien de la Justice : *A ces Causes*, de l'avis de notre Conseil, certaine science, pleine puissance & autorité Souveraine & Royale, Nous avons dit & déclaré, disons & déclarons par ces Présentes, signées de notre main, voulons & nous plait que les Procès criminels qui seront instruits contre les Trésoriers de France, Présidens des Présidiaux, Lieutenans Généraux, Lieutenans Criminels ou Particuliers, nos Avocats & Procureurs des Bailliages, Sénéchaussées & Sieges Royaux, ressortissans nuement en nos Cours de Parlement, & les Prevôts Royaux, Juges ordinaires qui ont séance & voix déliberative dans les Bailliages, Sénéchaussées, & introduits en premiere Instance en notre Cour de Parlement de Paris, soient introduits & jugés en la Grand-Chambre, si faire se peut, & que les Appellations des Instructions & Jugemens deffinitifs prononcés contr'eux, y soient pareillement jugés, le tout si les accusés le requierent, sans quoi lesdits

Procès seront instruits & jugés en la Chambre de la Tournelle : Voulons que les Procès criminels qui sont & seront ci-après poursuivis à la Requête de notre Procureur Général, soient instruits & jugés à la Grand-Chambre, lorsqu'il estimera à propos de le demander. Si donnons en mandement à nos amés & féaux Conseillers les Gens tenans notre Cour de Parlement, que ces Présentes ils ayent à faire lire, publier & registrer, & le contenu en icelle garder & observer, sans qu'il y soit contrevenu pour quelque cause & prétexte que ce puisse être : Car tel est notre plaisir, en foi de quoi nous avons fait mettre notre Scel à ces Présentes. Donné à Saint-Germain en Laye le vingt-sixiéme jour de Mars, l'an de grace 1676, & de notre Regne le trente-troisiéme. Registré en Parlement le . . . Avril 1676.

SOIXANTE-QUATORZIE'ME ADDITION.

Quatriéme Partie, pag. 873. après le Reglement du premier Septembre 1717, ajoutez celui qui suit.

SUR la Plainte faite par le Procureur Général du Roi, que les Prisonniers détenus en la Conciergerie, attentoient jour & nuit par effraction des portes, murailles, & autres voyes illicites, s'évader des Prisons, & se trouvoient garnis à cet effet de plusieurs instrumens & ferremens propres à ce, & outre qu'ils s'outrageoient les uns les autres, ils poussoient leur insolence jusques à battre ceux qui alloient visiter aucuns d'eux, avec tels excès qu'il s'en trouve en danger de leurs personnes, à quoi il a requis être pourvû. La matiere mise en déliberation, la Cour a fait & fait inhibitions & défenses à tous Prisonniers d'attenter sortir des Prisons par escalade, effraction ou autre voye illicite, en quelque sorte que ce soit, & à toutes personnes leur bailler & porter aucuns ferremens & instrumens propres à faire effraction, leur aider & assister à évader desdites Prisons, sur peine d'être atteints & convaincus de crime capital; enjoint au Géolier de faire exacte visitation par chacun jour des lits, paillasses & coffres des Prisonniers, & aux Prisonniers souffrir ladite visitation sans y faire résistance, ni entreprendre sur le Concierge, ses gens & guichetiers; & en cas qu'aucuns Prisonniers soient surpris faisant effraction aux murailles ou portes, seront pendus, sans autre forme ne figure de procès, à une potence qui pour cet effet sera plantée au milieu du préau de ladite Conciergerie; fait défenses auſdits Priſonniers de ſe battre ni s'outrager les uns les autres, ni ceux qui iront en ladite Conciergerie, ne même extorquer bienvenues des Priſonniers nouvellement amenés eſdites Priſons, ſous peine du fouet, & de plus grande s'il y échet. Et ſera le préſent Arrêt affiché, &c. Fait en Parlement le 4 Mars 1608. *Signé*, VOISIN.

PRONONCIATIONS D'ARRÊTS

QUI SE RENDENT EN LA CHAMBRE de la Tournelle du Parlement de Paris, leſquelles pourront ſervir de MODELES aux Juges & Officiers de Provinces, pour rédiger leurs Jugemens en cas pareils.

Pour faire apporter des Informations, à l'effet d'obtenir des défenſes contre un Décret de priſe de corps.

» LA COUR a reçu le Suppliant appellant, l'a tenu pour » bien relevé, lui permet faire intimer ſur ledit appel qui » bon lui ſemblera, ſur lequel les Parties auront audience au » premier jour. Seront les informations & autres procédures » apportées au Greffe Criminel de la Cour, à ce faire le » Greffier contraint par corps, lui enjoint d'obéir au premier » commandement, à peine de 60 livres d'amende & d'inter- » diction.

Si le Greffier n'obéit dans un délai compétent, ſuivant la diſtance des lieux, la Cour donne un ſecond Arrêt qui porte, » que le premier ſera exécuté, & ſuivant icelui, qu'itératif » commandement ſera fait au Greffier d'apporter au Greffe » Criminel de la Cour leſdites informations, lui enjoint d'o- » béir, à peine de 300 liv. Et pour n'avoir pas ſatisfait au » premier Arrêt, déclare la peine de 60 liv. y portée encou- » rue contre lui au profit du Suppliant, au payement de la- » quelle ſomme il ſera contraint par corps, en vertu du pré- » ſent Arrêt, & ſans qu'il en ſoit beſoin d'autre; & juſqu'à

„ ce qu'il ait obéi, l'a interdit de l'exercice & fonctions de sa „ charge.

Comme cette désobéissance est affectée, pour donner tems aux Juges d'instruire ou juger le procès, soit par contumace ou contradictoirement, quand les accusés sont prisonniers, on ajoute souvent à ces Arrêts : „ Cependant fait défenses de „ passer outre à aucun Jugement deffinitif, jusqu'à ce qu'au- „ trement par la Cour en ait été ordonné. „ Cela ne fait point de tort au cours de la Justice, puisque cela ne fait que differer le Jugement pour quelque tems, jusqu'à ce que les informations ayent été vûes, & n'empêche point l'instruction.

Lorsque les Greffiers s'opposent au dernier de ces Arrêts & demandent d'être déchargés de la peine de 60 liv. la Cour les déboute très-souvent de leur opposition, avec dépens.

Quand les informations sont apportées au Greffe de la Cour, M. le Procureur Général les distribue à l'un de ses Substituts, qui s'en vient charger au Greffe, & auquel le Procureur donne sa Requête pour avoir des Conclusions, pendant lequel tems M. le Président les distribue à un de Messieurs, entre les mains duquel on met les informations, après qu'il s'en est chargé sur le Registre & qu'il y a eu des Conclusions sur la Requête afin de deffenses, ensuite de quoi il fait son rapport, & intervient un Arrêt qui joint les deffenses à l'appel, c'est-à-dire, renvoye devant le premier Juge pour faire le procès en état de prise de corps.

Ou bien, la Cour fait défenses d'exécuter le décret de prise de corps, ni attenter à la personne & biens du Suppliant, „ A la charge par lui de se représenter à toutes assignations en „ état d'ajournement personnel, pardevant ledit Juge de . . . „ pour l'instruction du procès, qui sera par lui continué jus- „ ques à Sentence deffinitive inclusivement, sauf l'exécution, „ s'il en est appellé.

Quelquefois, par des raisons de suspicion, elle renvoye pardevant d'autres Juges ; & quand l'affaire est un peu grave, elle ajoute : „ Sauf au Juge à décreter de nouveau, s'il sur- „ vient de nouvelles charges.

Si on a saisi ou annoté les biens, en vertu du décret de prise de corps, la Cour en fait main-levée. Quand l'accusé seroit même prisonnier, & qu'on lui auroit refusé la liberté, on ne lui refuse pas la main-levée des choses sur lui saisies en vertu du décret, autres que celles qui pourroient servir à conviction, parce que la maxime est qu'on ne retient point le corps & les biens, pourvû toutefois que la saisie ne soit faite pour quelque provision.

Mais pour les affaires légeres, la Cour dit : » Cependant „ fait défenses de passer outre, faire poursuites ailleurs qu'en » la Cour, & de mettre ledit décret de prise de corps à exé- „ cution, ni attenter à la personne & biens du Suppliant, à „ peine de mille livres d'amende „ *S'il y a quelque provision & que la Cour trouve qu'elle soit trop forte, elle prononce*, „ Et „ la Cour a moderé la provision à . . . . livres. „ *S'il n'y a pas eu lieu d'en adjuger*, la Cour fait deffenses de la mettre à exécution, sur le vû des charges, rapport en Chirurgie & conclusions, par le même Arrêt qui fait deffenses d'exécuter le décret de prise de corps, suivant l'Article 8 du Titre 12 de l'Ordonnance Criminelle.

On avoit introduit il y a quelques années, de mettre à la fin des Arrêts de deffenses d'exécuter des décrets de prise de corps : *A la charge d'être présent à l'Audience, lors de la Plaidoirie de la Cause ;* parce que l'ancienne Jurisprudence étoit que tous accusés, qui ont été originairement en décret de prise de corps, étoient obligés d'y être présens, & quand ils ne s'y trouvoient pas, on prenoit avantage contre eux en présence de leurs Avocats ; cela étoit établi afin qu'on pût faire payer les réparations civiles sur le champ, en les arrêtant prisonniers à l'Audience, ou bien pour leur faire leur procès, si la procédure étoit confirmée ; mais aujourd'hui cette forme de prononcer n'est plus d'usage.

Deffenses d'exécuter un Décret d'ajournement personnel & conversion en Décret de prise de corps, qui se donnent sans vû de charges, mais sur les Conclusions de M. le Procureur Général.

La Cour a reçu le Suppliant appellant, l'a tenu pour bien relevé, lui permet de faire intimer sur ledit appel qui bon lui semblera, sur lequel les Parties auront audience au premier jour. Seront les informations & autres procédures apportées au Greffe Criminel de la Cour, à ce faire le Greffier contraint par corps, lui enjoint d'obéir au premier commandement qui lui sera fait, à peine de 60 liv. & d'interdiction ; cependant fait deffenses de passer outre, faire poursuites ailleurs qu'en la Cour, & de mettre ledit décret d'ajournement personnel

& conversion d'icelui en prise de corps, si aucune y a, à exécution, ni d'attenter à la personne & biens du Suppliant, à peine de mille livres d'amende.

Si ce n'est qu'un assigné pour être oui, on prononce : Fait deffenses de mettre ledit décret d'assigné pour être oui, conversion d'icelui en ajournement personnel, ou en prise de corps, si aucune y a, à exécution, &c.

Nota qu'aux termes de la Déclaration du Roi du mois de Décembre 1680, vérifiée en Parlement le 10 Janvier 1681, la Cour ne peut donner des deffenses d'exécuter des décrets d'ajournement personnel, qu'après avoir vû les informations, lorsque lesdits décrets auront été décernés par les Juges Ecclésiastiques, & par les Juges ordinaires, Royaux & des Seigneurs, pour faussetés, pour malversations d'Officiers dans l'exercice de leurs Charges, ou lorsqu'il y aura d'autres accusés contre lesquels il aura été décreté de prise de corps.

Comme le décret d'ajournement personnel emporte interdiction contre un Officier, l'usage est, en lui accordant des deffenses, de lui permettre de continuer l'exercice & fonctions de sa Charge.

Pour l'élargissement d'un Prisonnier, arrêté en vertu d'une conversion d'ajournement personnel en prise de corps.

Si l'Appellant se trouve prisonnier, en vertu de la conversion d'ajournement personnel en décret de prise de corps, il est des regles, en faisant deffenses de passer outre & de mettre le décret d'ajournement personnel à exécution, d'ordonner qu'il sera élargi & mis hors des Prisons & en liberté, pourvû qu'il ne soit détenu pour autre cause qu'en vertu de ladite conversion d'ajournement personnel en prise de corps, ce qui s'accorde sur simple Requête & sur les Conclusions de M. le Procureur Général.

Deffenses d'exécuter une Sentence deffinitive, ou un Exécutoire de dépens.

La Cour a reçu le Suppliant appellant, l'a tenu pour bien relevé, lui permet faire intimer sur ledit appel qui bon lui semblera, sur lequel les Parties auront audience au premier jour. *Si la Sentence a été rendue sur un procès par écrit, au lieu de ces mots*, auront audience, *on met*, sur lequel les Parties procéderont en la maniere accoutumée, *parce que c'est un pro-*

cès à conclure aux Enquêtes ; cependant fait deffenses de faire poursuites ailleurs qu'en la Cour, mettre ladite Sentence deffinitive & exécutoire de dépens à exécution, ni d'attenter à la personne & biens du Suppliant, auquel fait main-levée des choses sur lui saisies, à la représentation les gardiens & dépositaires contraints par corps, quoi faisant déchargés.

Nota qu'à l'égard des Sentences deffinitives, qui font entre autres choses des deffenses de récidiver, de plus user de telles voyes, ou autres choses approchantes, quoique les peines pécuniaires soient médiocres & se dussent exécuter, nonobstant l'appel en baillant caution, suivant l'Ordonnance Criminelle, néanmoins à cause des deffenses portées par la Sentence, qui sont une espece de note, ce qui est une peine qui l'emporte sur la peine pécuniaire, la Cour fait toujours des deffenses de mettre ces sortes de Sentences à exécution.

Mais lorsque les Juges se sont renfermés à ne prononcer que des peines pécuniaires seulement, qui n'excedent point leur pouvoir, suivant l'Article 6, Titre 26, de l'Ordonnance Criminelle, la Cour n'y touche point; mais elle donne seulement des deffenses d'exécuter la Sentence deffinitive au chef de la condamnation de dépens, & elle ajoute : „ Au surplus „ ne pourra ladite Sentence deffinitive être exécutée qu'en „ baillant par la Partie civile bonne & suffisante caution, qui „ sera reçue avec le Suppliant, pardevant le plus prochain „ Juge Royal des lieux, autre que celui dont est appel. „ S'il y en a d'autre dans le même Siege, cela va à celui qui suit immédiatement le Juge qui a rendu la Sentence.

Il y a plusieurs autres sortes de condamnations qui ne peuvent s'exécuter, nonobstant l'appel, & contre lesquelles on donne pareillement des deffenses, comme lorsqu'elles adjugent des réparations civiles ou des dommages & intérêts trop forts, ou bien qu'elles ordonnent la restitution des provisions, en renvoyant les accusés de l'accusation, ou qu'elles portent condamnation d'admonition, bailler acte au Greffe, quelque déclaration à l'Audience ou à la Chambre du Conseil, avec aumônes, amendes, réparations civiles, dommages, intérêts & dépens, ou autres peines approchantes, à l'exception des peines infamantes.

Si l'accusé est prisonnier & qu'il ne soit condamné qu'en des peines semblables à celles ci-dessus spécifiées, la Cour, en faisant des deffenses d'exécuter la Sentence deffinitive, ordonne qu'il sera élargi & mis hors des Prisons, en donnant par lui bonne & suffisante caution de payer ce qui sera jugé en fin de cause, qui sera reçue avec Partie pardevant le Conseiller Rapporteur, *si c'est de Paris*, ou bien devant le Juge des lieux; *quelquefois on ajoute :* Pourvû qu'il ne soit détenu pour autre cause.

Défenses à un Juge supérieur qui a sursis sur une simple Requête, & sans connoissance de cause, un Décret décerné par le Juge à quo, *en ordonnant que les Informations seront apportées en son Greffe.*

La Cour a reçu le Suppliant appellant, l'a tenu pour bien relevé, lui permet faire intimer sur ledit appel qui bon lui semblera, sur lequel les Parties auront audience au premier jour; cependant fait deffenses audit Juge de ..... de passer outre & de mettre l'Ordonnance par lui rendue à exécution, & en conséquence ordonne que la procédure encommencée par le Juge *à quo*, sera parachevée jusqu'à Sentence deffinitive inclusivement, sauf l'appel.

Ces sortes de deffenses sont fondées sur le Reglement de la Cour du 10 Juillet 1665, qui fait deffenses aux Lieutenans Criminels & Présidiaux, d'évoquer les Procès criminels commencés dans les Justices Royales, ou celles des Seigneurs Hauts-Justiciers; de surseoir les décrets qui en seront émanés, mais prononcer par bien ou mal jugé, sinon que les affaires soient jugées sur le champ & sans appointement: & aussi sur l'Ordonnance Criminelle qui ne leur donne pouvoir de surseoir les décrets, mais aux Cours seulement, & ne leur est permis que de connoître des appellations des décrets où il n'échet peine afflictive, à la charge de les porter à l'Audience pour les juger sur le champ; & toutes les fois qu'ils rendent de pareilles Sentences ou Ordonnances, la Cour est dans l'usage de donner des deffenses de les exécuter. Voyez l'Art. 19. Tit. 10. l'Art. 1. Tit. 26. les Art. 2. & 4. du même Titre de l'Ordonnance Criminelle.

Ce n'est pas que ces Arrêts ôtent à l'accusé la voye de se pourvoir de nouveau par appel en la Cour, comme il avoit fait en premier lieu devant le Juge supérieur, pouvant y demander des défenses, comme s'il n'avoit rien fait devant le Juge supérieur. C'est un mauvais conseil qu'on donne aux accusés de se pourvoir ainsi par appel devant les Lieutenans

Criminels des Préſidiaux, au lieu de venir *rectà* en la Cour, pour éviter un dégré de Juriſdiction.

Deffenſes d'élargir un Priſonnier, qu'en vertu d'Arrêt contradictoire.

La Cour a reçu le Suppliant appellant, l'a tenu pour bien relevé, lui permet faire intimer ſur ledit appel qui bon lui ſemblera, ſur lequel les Parties auront audience au premier jour. Seront les informations apportées au Greffe Criminel de la Cour, &c. cependant fait deffenſes au Géolier des Priſons de .... de mettre en liberté ledit tel .... ſinon qu'en vertu d'Arrêt contradictoire donné avec le Suppliant, à peine d'en répondre en ſon propre & privé nom.

Pour ordonner qu'un Juge ſera tenu de faire le Procès à un Accuſé.

La Cour ordonne que dans ...... après la ſignification du préſent Arrêt faite à la perſonne ou domicile de la Partie civile, elle ſera tenue de faire parachever & juger le procès au Suppliant, même lui faire prononcer la Sentence qui interviendra ; autrement & à faute de ce faire, ſera fait droit. Enjoint audit Juge de .... & au Subſtitut du Procureur Général du Roi audit Siege, d'y tenir la main, à peine d'en répondre en leurs propres & privés noms, & de tous dépens, dommages & intérêts.

Pour permettre d'informer devant un de Meſſieurs, ou autre Juge.

La Cour permet au Suppliant de faire informer des faits contenus audit Procès-verbal de Rébellion, ou en ſa Requête, circonſtances & dépendances, pardevant le Conſeiller Rapporteur du préſent Arrêt, ou bien pardevant tel Juge ..... pour l'information faite, rapportée & communiquée au Procureur Général du Roi, & vue par la Cour, être ordonné ce que de raiſon.

S'il y a des témoins en cette Ville & ſur les lieux, on permet d'informer, ſçavoir, pour les témoins qui ſont en cette Ville, pardevant le Conſeiller Rapporteur, & pour ceux qui ſont ſur les lieux, pardevant le Juge de ......

S'il y a des témoins en différens endroits & très-éloignés les uns des autres, on dit, *pardevant les plus prochains Juges Royaux de leurs demeures.*

Pour permettre d'informer par addition, quand la Cour est saisie des Appellations, au moyen des Arrêts de deffenses obtenus par l'Accusé; ce qui s'accorde à l'Accusateur sans retardation du Jugement des Appellations.

La Cour permet au Suppliant de faire informer par addition des faits contenus en sa Plainte ou Requête, circonstances & dépendances, pardevant le Conseiller Rapporteur, si c'est de Paris, ou bien le Juge de .... pour l'information faite rapportée, être jointe à la cause d'appel, pour en jugeant y avoir tel égard que de raison, sans retardation du Jugement d'icelle.

Pour renvoyer une Requête à un Juge, afin de permission d'informer; ce qui s'accorde souvent à cause que le Juge ordinaire est parent de la Partie plaignante ou des Accusés, ou qu'il y a d'autres parens ou raisons particulieres qui l'obligent à demander un Juge à la Cour.

La Cour renvoye ladite Requête pardevant le Lieutenant Criminel, ou Juge Royal de .... pour y être pourvû ainsi que de raison.

Aux termes de cet Arrêt, le Juge a pouvoir d'instruire les Procès jusqu'à Sentence deffinitive inclusivement, sauf l'exécution s'il en est appellé.

Quelquefois il arrive que ces Juges ainsi commis, renvoyent l'information au Parlement pour la décreter, mais la Cour la leur renvoye pour y être pourvû, de même que la Requête; parce que la Cour ne connoît que des informations qui lui doivent être rapportées, suivant la disposition des précédens Arrêts, & qu'elle n'évoque point pour l'instruction.

Nota qu'un Seigneur en doit user de même, ne pouvant procéder devant son Juge; & s'il avoit informé, il ne doit pas passer outre, étant nécessaire de faire renvoyer la plainte & l'information devant un autre Juge Royal, pour continuer la procédure.

Pour décreter en la Cour des Informations, en renvoyant l'Instruction au Juge qui a fait l'Information, ſçavoir, de priſe de corps contre aucuns des Accuſés, & d'ajournement perſonnel contre les autres.

La Cour ordonne que tel & tel ſeront pris au corps & amenés priſonniers ès Priſons de .... les autres ajournés à comparoir en perſonnes pardevant le Juge de .... pour être tous ouis & interrogés ſur les faits réſultans deſdites informations, & le procès à eux fait par ledit Juge juſqu'à Sentence deffinitive excluſivement, pour ce fait, rapporté, & le tout communiqué au Procureur Général du Roi, être ordonné ce que de raiſon; & ou ceux en décret de priſe de corps ne pourroient être appréhendés, ſeront aſſignés ſuivant l'Ordonnance, leurs biens ſaiſis & annotés, & Commiſſaires établis juſqu'à ce qu'ils ayent obéi.

Nota qu'il n'eſt au pouvoir des Juges, aux termes de l'Arrêt ci-deſſus, d'élargir les accuſés qui ſont dans les Priſons, il faut ſe pourvoir en la Cour.

Quelquefois on décrete ſans donner pouvoir au Juge d'inſtruire, mais ſeulement d'interroger les accuſés, & l'on dit, *Pour les Interrogatoires faits, rapportés & communiqués au Procureur Général du Roi, être ordonné ce que de raiſon.* Parce que ſouvent, ſur le vû des informations & interrogatoires, la Cour renvoye les Parties à l'Audience, attendu que l'affaire ne mérite pas d'être plus approfondie & qu'on peut ſortir les Parties d'affaire à l'Audience.

Pour ordonner une Confrontation littérale de Témoins décedés depuis leur recollement, pendant la contumace.

La Cour ordonne que les dépoſitions & recollemens deſdits ...... ſeront lûs & publiés auſdits tels ...... avant laquelle lecture ils pourront fournir de reproches, ſi bon leur ſemble, pardevant Me ...... Conſeiller, ci-devant Commis, pour ce fait & le tout communiqué au Procureur Général du Roi & vû, être ordonné ce que de raiſon.

Il faut faire mention des Extraits mortuaires des témoins.

Il ne peut être fait confrontation littérale des témoins qui ſont décedés, depuis la repréſentation de l'accuſé.

Quelques-uns prétendent que l'Article de l'Ordonnance ne s'entend que lorſqu'il y a eu Jugement de contumace, &

qu'on ne peut faire confrontation littérale des témoins décédés avant le Jugement, parce qu'il n'y a que le Jugement qui regle la contumace.

D'autres, au contraire, soutiennent qu'il suffit que les témoins recollés soient décedés pendant l'instruction de la contumace & avant le Jugement de contumace; & ainsi, que le décès soit arrivé devant ou après le Jugement de contumace, que confrontation littérale s'en doit faire; mais la véritable maxime à laquelle on se doit tenir, c'est qu'il faut qu'il y ait eu un Jugement, portant que les témoins seront recollés, pour que le recollement puisse valoir confrontation.

Il y a pour cet Avis, un Arrêt du 3 May 1689, obtenu par la Dame de Lauraire, qui l'a permis à l'égard d'un témoin recollé & décedé avant l'Arrêt de contumace, rendu contre François Vidal de Commine & sa femme, auquel s'étant opposés, ils ont été déboutés de leur opposition par Arrêt contradictoire du 10 Juin 1684; & s'étant pourvûs en cassation au Conseil contre ces deux Arrêts, fondés sur ce qu'ils les prétendoient rendus contre la disposition de l'Ordonnance, qui ne s'entendoit que lorsqu'il y avoit eu un Jugement de contumace, ils ont été déboutés de leur demande en cassation, par Arrêt du 10 Mars 1690.

Pour faire des deffenses sans vû de charges, lorsqu'un Accusé a été arrêté en vertu d'un Décret de prise de corps, après qu'il a subi interrogatoire & a été élargi, soit à sa caution juratoire, soit en baillant caution de se représenter, lesquelles s'accordent sur les Conclusions de M. le Procureur Général, parce que le Décret a été purgé, & que la liberté à lui donnée marque que la matiere est légere.

La Cour a reçu le Suppliant appellant, l'a tenu pour bien relevé, lui permet faire intimer sur ledit appel qui bon lui semblera, sur lequel les Parties auront audience au premier jour. Seront les informations & autres procédures apportées au Greffe Criminel de la Cour, à ce faire le Greffier contraint par corps, lui enjoint d'obéir au premier commandement, à peine de 60 livres & d'interdiction; cependant, en conséquence de ce que le Suppliant a subi interrogatoire & a été élargi, fait deffenses de passer outre, faire poursuites ailleurs qu'en la Cour, & d'attenter à la personne & biens du Suppliant, à peine de 1000 liv. d'amende.

Pour accorder du tems à un Banni, pour demeurer dans les lieux de son bannissement.

La Cour permet au Suppliant de demeurer dans les lieux de son bannissement pendant deux ou trois mois, pour vacquer à ses affaires, pendant lequel tems fait deffenses d'attenter à sa personne, & icelui passé lui enjoint de garder son ban, sous les peines portées par la Déclaration du Roi.

Nota. Autrefois pareils Arrêts se donnoient sans Conclusions de M. le Procureur Général, mais y en ayant eu un qui avoit été donné les deux Chambres assemblées, sans Conclusions, ainsi qu'il s'étoit pratiqué de tout tems, la Partie civile s'étant pourvue au Conseil, elle le fit casser sur ce seul fondement; depuis il ne s'en est plus donné sans Conclusions.

Quand ce tems est fini, s'il y a raison valable, on leur donne encore du tems en prorogeant le délai.

La Cour a prorogé le délai porté par l'Arrêt du .... si la Cour n'en veut plus donner que le second, elle prononce:

La Cour, de grace & sans espérance d'autre délai, a prorogé celui porté par l'Arrêt du ...... pour ... mois.

Pour renvoyer les Causes mues & à mouvoir d'un Siege à un autre pendant un tems; ce qui s'accorde attendu les Procès & différends qui sont entre le Suppliant & les Officiers dont il est justiciable, ou autres causes légitimes qui l'empêchent d'y procéder.

La Cour renvoye les procès & différends du Suppliant, sa femme, enfans, Domestiques & Fermiers, & contr'eux mûs & à mouvoir, tant en matiere civile que criminelle, pardevant les Officiers de .... pendant tel tems, pour y procéder en premiere instance en la maniere accoutumée, à la charge de l'appel en la Cour, & en conséquence fait deffenses aux Officiers de .... d'en prendre connoissance, à peine de nullité, 1000 livres d'amende, & de tous dépens, dommages & intérêts.

Pour mettre en liberté un Prisonnier qui infecte les Prisons par sa maladie.

Il est d'usage avant de prononcer sur la liberté, d'ordonner que le Prisonnier sera vû & visité par les Médecin & Chirurgien de la Cour, & que le rapport soit communiqué à M. le Procureur Général. Ce n'est pas qu'il y en a eu qui ont été donnés sur le rapport fait à la Cour par celui de Messieurs commis à la visite des Prisons où le Prisonnier étoit détenu, sans Conclusions de M. le Procureur Général, & notamment un le 27 Octobre 1694, jour de séance, pour le nommé Parmentier, qui étoit prisonnier à S. Martin des Champs, tellement que sur le vû du Rapport, la maniere est de prononcer :

„ La Cour, en conséquence du Rapport des Médecin & „ Chirurgien de la Cour, ordonne que ledit.... sera mis „ en liberté, pour se faire panser & médicamenter, à ce faire „ le Géolier contraint par corps, quoi faisant déchargé, sauf „ à.... de le faire réintegrer, si bon lui semble, après qu'il „ aura recouvré sa santé.

Deffenses de contracter Mariage, en renvoyant devant un Juge afin de permission d'informer pour raison du rapt & séduction ; ce qui s'accorde pour éviter un mariage qui est préjudiciable à une famille, & ne peut se réparer en deffinitive.

La Cour renvoye ladite Requête devant tel Juge, pour y être pourvû, cependant fait deffenses à ladite fille & audit... de passer outre à aucun mariage, à tous Notaires d'en passer Contrat, & à tous Prêtres, Curés, ou Vicaires de procéder à la célébration d'icelui, sous les peines portées par l'Ordonnance ; ou plutôt à peine de nullité & d'être procédé extraordinairement contre les contrevenans, suivant la rigueur des Ordonnances. Permet au Suppliant de reprendre ladite.... sa fille, par-tout où elle sera trouvée, pour être conduite en sa maison & y demeurer jusques à ce qu'autrement en ait été ordonné, ou bien pour être conduite dans un Monastere tel qu'il voudra choisir, & y demeurer, &c.

Si celui qui demande son renvoy aux deux Chambres n'attache à sa Requête Pieces justificatives de sa noblesse, la regle est de donner un pareil Arrêt.

La Cour ordonne que dans trois jours, pour toute préfixion & délai, le Suppliant justifiera de ses Titres de noblesse, autrement sera fait droit. *Quelquefois, sans donner un second Arrêt, on prononce :* Autrement & à faute de ce faire, sera passé outre au Jugement du procès en la Chambre de la Tournelle, en la maniere accoutumée.

Il arrive aussi quelquefois que l'accusé demandant un nouveau délai pour faire apporter ses Titres de noblesse, attendu son éloignement de cette Ville, la Cour n'y a aucun égard en prononçant ce qui suit :

„ La Cour, sans avoir égard à la Requête, ordonne qu'il „ sera procédé au Jugement du Procès en la Chambre de la „ Tournelle, en la maniere accoutumée.

Pour ordonner qu'un Exécutoire de translation & port de Procès sera exécuté contre un Seigneur, attendu la pauvreté de la Partie civile, dont on fait apparoir par un Procès-verbal qui contient le Commandement ; ce qui s'accorde sur les Conclusions de M. le Procureur Général.

La Cour, en conséquence du Procès-verbal de .... ordonne que ledit Exécutoire du tel jour, sera exécuté par provision contre les Receveurs, Fermiers & Sous-Fermiers de ... nonobstant toutes appellations quelconques & sans préjudice d'icelles, sauf leurs recours contre la Partie civile, suivant l'Ordonnance.

Pour permettre à une Partie civile d'avancer aux Témoins quelque argent pour faire leur voyage, attendu leur pauvreté & éloignement, pour être ouis, recollés & confrontés.

La Cour, attendu l'éloignement & l'indigence des témoins, permet au Suppliant de fournir à chacun d'eux la somme de 15 livres, ou plus grande, s'il y échet, pour subvenir à leur dépense pour leur transport en cette Ville de Paris, à l'effet de rendre leurs dépositions, ou desdits recollemens & confrontations, en déduction de la taxe qui leur sera faite pour leurs salaires.

L'on doit prendre cette précaution, pour éviter les reproches qu'on pourroit donner contre les témoins, si la Partie leur avoit d'elle-même fourni les deniers pour faire leurs voyages, qui seroient indubitables, pour anéantir leur déposition, du moins les affoiblir beaucoup. Il y en a un Arrêt du 30 Avril 1692.

Pour permettre à un Seigneur de faire inſtruire & juger par ſon Juge un Procès par lui commencé, en la Conciergerie, attendu que ſes Priſons ne ſont pas ſures, & qu'il ne peut avoir de Gradués.

La Cour a permis & permet au Suppliant de faire inſtruire & juger le Procès deſdits .... en la Conciergerie, par ledit Juge de .... & à cet effet qu'ils y ſeront transférés ſous bonne & ſure garde, à la charge par ledit Juge de ſe faire aſſiſter de Gradués pour le Jugement dudit Procès, ſuivant l'Ordonnance.

Il y en a pluſieurs exemples, même un de l'ordre verbal de feu M. le Préſident de Meſmes.

Pour donner pouvoir à un Juge commis par la Cour, de délivrer Commiſſion rogatoire à un Juge éloigné pour entendre des Témoins, pour éviter le tranſport du premier Juge, qui mettroit les Parties en frais.

La Cour ordonne que par ledit Juge commis, Commiſſion rogatoire ſera délivrée adreſſante au Juge Royal de .... pour l'exécution dudit Arrêt, à l'égard des témoins qui ſont dans la Ville de .... ou dans l'étendue de ſon Reſſort, pour ce fait, rapporté, joint aux informations faites par le premier Juge, être ordonné ce que de raiſon. Ou bien, la Cour ordonne qu'à la diligence du Suppliant, ou du Subſtitut du Procureur Général du Roi au Siege de .... les témoins qui ſeront trop éloignés de la Ville de .... (qui eſt le premier Juge) ſeront entendus, recollés & confrontés audit .... par le plus prochain Juge Royal du domicile deſdits témoins, qui ſera delégué par le Lieutenant Criminel de .... (qui eſt le premier Juge commis par la Cour), pour ce fait, rapporté & joint au Procès, ſervir & valoir ce que de raiſon.

Pour permettre à un Accuſé de conſigner le total des intérêts civils en quoi lui & d'autres Accuſés ont été condamnés ſolidairement, en le ſubrogeant, & permis à lui de recommander ſon compagnon.

Ladite Cour a ordonné & ordonne, qu'en payant par le Suppliant la ſomme .... à laquelle il a été condamné ſolidairement avec leſdits .... il demeurera ſubrogé aux droits de la Partie civile. Ce faiſant, permet au Suppliant de faire arrêter

&

& recommander ledit . . . pour la moitié de la ſomme de . . . *On peut ajouter :* Et en conſéquence ſera le Suppliant élargi & mis hors des Priſons.

Pareil Arrêt a été obtenu le 5 Avril 1686, par Madeleine Lutra, femme du Sieur Dauzy, contre le nommé d'Allemagne, ſon condamné en une ſomme de 2000 livres de réparation civile, auquel ledit d'Allemagne s'étant oppoſé, par Arrêt contradictoire rendu en la ſéance le 9 Avril ſuivant, il a été débouté de ſon oppoſition, avec dépens.

Il y a un pareil Arrêt du 22 Janvier 1687, au profit de Michel Langlois.

Arrêt qui nomme un Interpréte à un Accuſé qui n'entend pas la Langue Françoiſe.

Vû par la Cour la Requête préſentée par le Procureur Général du Roi, contenant qu'au Procès pendant par appel en ladite Cour, par pluſieurs accuſés au nombre de . . . . d'une Sentence rendue en l'Amirauté de la Rochelle, il y en a pluſieurs qui ſont étrangers & n'entendent pas la Langue Françoiſe : Requerroit qu'il plût à ladite Cour commettre d'office un Interpréte, pour leur expliquer les interrogatoires qui leur ſeront faits en la Chambre du Conſeil, lors du Jugement du procès, & à la Cour les réponſes qui y ſeront par eux faites : Oui le Rapport de M^e^ . . . . Conſeiller, tout conſidéré. Ladite Cour a nommé d'office M^e^ . . . . pour interpréter & expliquer auſdits . . . . les interrogatoires qui leur ſeront faits en la Chambre du Conſeil, lors du Jugement du procès, & à la Cour les réponſes deſdits . . . . Et ſera ledit . . . . aſſigné pour accepter ladite Commiſſion & prêter ſerment de bien & fidélement procéder. Fait en Parlement le premier Décembre 1699.

Autre pareil Arrêt qui nomme un Interpréte à un Accuſé Etranger.

Vû par la Cour la Requête préſentée par le Procureur Général du Roi, contenant qu'il y a un Procès pendant en la Cour, ſur l'appel interjetté par . . . . d'une Sentence rendue par le . . . . le . . . . par laquelle Sentence ledit . . . . a été condamné à mort, & les nommés tels . . . . renvoyés abſous de l'accuſation. Et d'autant que leſdits tels ont été amenés dans les Priſons de la Conciergerie du Palais, n'entendant pas la

Langue Françoiſe, & que l'Interpréte qui a été commis par ledit Prevôt de .... pour l'inſtruction & Jugement du procès, n'eſt point demeurant en cette Ville de Paris, & qu'il eſt néceſſaire, pour parvenir à l'inſtruction & Jugement du procès, de commettre un autre Interpréte, requeroit ledit Procureur Général qu'il plût à la Cour nommer tel Interpréte qu'il lui plairoit, pour expliquer auſdits .... les interrogatoires qui leur ſeront faits en la Chambre du Conſeil, & à la Cour les réponſes qui ſeront faites par leſdits .... à l'effet de quoi celui qui ſeroit commis par la Cour, ſera aſſigné en icelle pour prêter ſerment. Oui le Rapport de Me .... Conſeiller, tout conſidéré : Ladite Cour a nommé d'office Me .... pour interpréte & expliquer auſdits .... les interrogatoires qui leur ſeront faits en la Chambre du Conſeil, lors du Jugement du Procès, & à la Cour les réponſes deſdits ....; & à cet effet ordonne que ledit .... ſera aſſigné pardevant le Conſeiller Rapporteur du préſent Arrêt, pour accepter ladite Commiſſion & prêter ſerment de bien & fidélement procéder en ladite qualité. Fait en Parlement le 10 Décembre 1700.

Pour donner main-forte à un Juge, à l'effet de faire exécuter une Sentence par effigie.

Vû par la Cour la Requête préſentée par .... Juge de .... & les autres Officiers de la Juriſdiction, contenant que pour s'acquitter du devoir de leurs Charges, ils ont informé du crime commis dans le détroit de leur Juriſdiction, le .... & inſtruit le Procès aux nommés ....; & par Sentence du .... leſdits .... ont été déclarés duement atteints & convaincus d'avoir tué, &c. & ordonné que la Sentence ſeroit exécutée par effigie un jour de marché, laquelle ils n'ont pû faire exécuter à cauſe des oppoſitions & violences des parens; requeroient qu'il plût à la Cour faire deffenſes auſdits .... & à tous autres de faire aucune violence, ſédition ou émotion populaire, pour empêcher l'exécution de ladite Sentence; & en cas de contravention, permettre aux Supplians d'en informer; enjoindre au Prevôt des Maréchaux de donner mainforte aux Supplians pour l'exécution de ladite Sentence. Vû auſſi copie d'icelle attachée à la Requête, ſignée .... Oui le Rapport de Me .... Conſeiller, tout conſidéré : Ladite Cour permet aux Supplians de faire exécuter ladite Sentence de contumace par effigie, ſuivant l'Ordonnance : fait deffenſes à toutes personnes de les y troubler ; enjoint au Prevôt des Maréchaux & autres Officiers de Justice sur ce requis, d'y tenir la main, à peine d'en répondre en leur propre & privé nom. Fait en Parlement.

Arrêt qui a ordonné que des Témoins seront de nouveau recollés & confrontés par un Official, conjointement avec le Lieutenant Criminel, sur la simple Requête du Chapitre de Langres, sans voir la procédure, parce qu'il y avoit une premiere accusation dont la procédure avoit été déclarée abusive & renvoyée au même Juge ; & comme la seconde accusation étoit une récidive, il étoit de nécessité de l'instruire conjointement avec la premiere, à la charge d'interroger de nouveau l'Accusé, & recoller & confronter aussi de nouveau les Témoins qui l'avoient déja été par l'Official, ce qui ne se pouvoit faire que par autorité de la Cour.

En l'année 1702, le Sieur P..., Prébendier en l'Eglise Cathédrale de Langres, étant tombé en débauche avec une fille, qui avoit été sa servante, qui étant devenue grosse, on avoit prétendu qu'elle avoit caché sa grossesse & défait son enfant, pour raison de quoi le Juge de Police de Langres en auroit informé & décreté contre la fille & instruit & jugé le procès : & d'autre côté l'Official du Chapitre de Langres auroit informé, décreté & fait le procès à l'accusé, pendant laquelle instruction le Procureur du Roi au Bailliage de Langres auroit sommé le Promoteur de lui communiquer la procédure, pour connoître s'il n'y avoit pas de cas privilégié, ce que le Promoteur ayant refusé, sous prétexte qu'il n'y avoit aucun cas privilégié ; sur cela appel comme d'abus de la part dudit Procureur du Roi de toute la procédure faite par l'Official. En cet état l'accusée, qui avoit été jugée par le Juge de Police de Langres, quoique ce ne fût point un fait de Police, fut transférée en la Conciergerie du Palais, & M. le Procureur Général se fit apporter la procédure faite par l'Official, sur quoi il prit des Conclusions à ce qu'il fût reçu appellant de la procédure & Sentence du Juge de Police, & appellant comme d'abus de la procédure de l'Official ; faisant droit sur son appel, que la procédure fût déclarée nulle & abusive : que le procès seroit refait de nouveau à l'accusée par le Lieutenant Criminel de Langres, aux frais & dépens du Juge de Police ; & audit P... par un autre Official qui seroit nommé par ledit Chapitre, pour le délit commun, à la charge du cas privilégié, pour lequel aſſiſtera le Lieutenant Criminel, &c.

Sur quoi Arrêt conforme aux Concluſions, le 18 Janvier 1703.

En conſéquence de cet Arrêt, les procédures ont été renvoyées à l'Officialité de Langres, pour ſervir de Mémoire ſeulement, lequel Arrêt n'ayant été mis à exécution, il ſeroit arrivé que ledit P... ſeroit retombé dans un nouveau crime en l'année 1704, en ce qu'on l'auroit ſurpris être en mauvais commerce avec une autre fille, qui auroit cauſé grand ſcandal dans la Ville de Langres; pour raiſon de quoi le même Official qui avoit inſtruit la premiere procédure, auroit informé & décreté de priſe de corps contre P... qui auroit été empriſonné, ſubi l'interrogatoire, recollé & confronté les temoins. En cet état le Procureur du Roi auroit fait ſommer le Promoteur de lui communiquer les procédures faites ſur la nouvelle accuſation; & les Sieurs du Chapitre prévoyant que le Procureur du Roi voudroit prétendre qu'il y eût cas privilégié, ils ont, pour le démouvoir, préſenté Requête afin d'inſtruire cette nouvelle accuſation conjointement avec la premiere, tant par l'Official que par le Lieutenant Criminel, & à cette fin que les témoins que l'Official avoit recollés & confrontés, fuſſent de nouveau recollés & confrontés, &c. Sur laquelle Requête eſt intervenu Arrêt, le 25 Octobre 1704, portant ce qui enſuit.

„ La Chambre ordonne que ledit Arrêt du 18 Janvier 1703, „ ſera exécuté ſelon ſa forme & teneur, & en conſéquence „ que ledit procès ſera fait & parfait audit P... par l'Official „ qui a été nommé, en exécution dudit Arrêt, pour le délit „ commun, tant ſur la premiere que ſur la ſeconde accuſa- „ tion, conjointement avec le Lieutenant Criminel de Lan- „ gres, pour le cas privilégié; & à cette fin que les témoins „ ouis ſur la premiere accuſation, feront de nouveau enten- „ dus, & ledit P... oui & interrogé de nouveau, tant ſur „ l'information qui ſera nouvellement refaite, que ſur celle „ qui a été faite en l'Officialité ſur la ſeconde accuſation, & „ les témoins, pour raiſon des deux accuſations, de nouveau „ recollés en leurs dépoſitions & confrontés audit P... par „ ledit Official qui a été nommé conformément audit Arrêt, „ auſſi conjointement avec ledit Lieutenant Criminel, au

„ Greffe duquel sera portée une expédition de l'information „ faite en ladite Officialité sur la seconde accusation, pour, „ après ledit procès instruit, être passé outre séparément par „ ledit Official au Jugement du délit commun sur les deux ac- „ cusations, par une seule & même Sentence, & ensuite par „ ledit Lieutenant Criminel, au Jugement du cas privilégié, „ sur lesdites deux accusations, aussi par un seul & même Ju- „ ment.

Pour recommencer une Procédure faite par un Seigneur devant son Juge, en renvoyant devant un Juge Royal, sur la simple Requête du Seigneur, & Conclusions de M. le Procureur Général.

Vû par la Cour la Requête présentée par Messire Gabriel Sebastien, Comte de Romadec, héritier par bénéfice d'inventaire de défunt Messire Marc Hyacinthe, Comte de Rocheux, son oncle, Chef d'Escadre des Armées Navales du Roi : Contenant que pour raison des soustractions, recellés & divertissemens des effets, meubles, vaisselle d'argent, bijoux, porcelaines, étoffes des Indes, & autres choses, étant dans le Château dudit Rocheux, il en auroit fait informer & décreter contre le Sieur C... Prêtre, & autres, pardevant le Juge de Rocheux ; mais comme ils se pourroient faire un moyen dans la forme de cette procédure, sous prétexte qu'elle est faite par le propre Juge du Suppliant, requeroit qu'il plût à la Cour, pour informer des recellés, soustractions & divertissemens, commettre le plus prochain Juge Royal des lieux, même lui permettre d'obtenir & faire publier Monitoire en forme de droit, & les procédures faites par le Juge de Rocheux portées au Greffe du Juge qui sera commis, &c. ladite Requête signée *La Fouasse*. Conclusions du Procureur Général : oui le Rapport de Me Thomas Dreux, Conseiller, tout considéré : Ladite Cour a renvoyé & renvoye ladite Requête pardevant le Juge Royal de Vendôme, pour y être pourvû, & par lui les témoins ouis par ledit Juge de Rocheux, entendus de nouveau, & le procès fait & parfait à ceux qui se trouveront coupables, jusqu'à Sentence deffinitive inclusivement, sauf l'exécution, s'il en est appellé. Seront les informations faites par ledit Juge de Rocheux, ensemble les révélations, si aucunes y a, portées au Greffe dudit Juge de Vendôme, pour lesdites informations du Juge de

Rocheux servir de Mémoire seulement, à ce faire le Greffier de Rocheux & les Curés & Vicaires qui ont reçu les révélations contraints; leur enjoint d'obéir au premier commandement, à peine de 60 livres & d'interdiction contre le Greffier, & de saisie du revenu temporel contre lesdits Curés & Vicaires. Fait en Parlement le 26 Février 1707. M. le Président Potier. M. Dreux, Rapporteur.

Pareil Arrêt est intervenu le 18 Août 1708, au Rapport de M. Gaudart. Autre le 31 Juillet 1713, au Rapport de M. Le Feron.

Président à Mortier au Parlement de Bretagne, qui s'est voulu soustraire de la Jurisdiction du Lieutenant Criminel d'Angers, pour un fait arrivé dans l'étendue de sa Jurisdiction, sous prétexte qu'il est privilegié & qu'il a dû être renvoyé à son Parlement, ce qui n'est pas, n'y ayant que le Parlement de Paris qui ait ce privilege, le Parlement assemblé.

Par Arrêt sur Requête, présentée par Me René Aubin, Substitut du Procureur Général du Roi en la Sénéchaussée & Siege Présidial d'Angers, sur l'exposé qu'il auroit fait informer par le Lieutenant Criminel dudit Siege, contre plusieurs accusés, dont l'un ayant été arrêté prisonnier auroit chargé Messire * * *, Président à Mortier au Parlement de Bretagne, il auroit été décerné décret d'assigné pour être oui contre lui, lequel s'étant pourvû audit Parlement, il auroit fait casser sa procédure, & même ayant obtenu deux Arrêts de la Cour, il les avoit fait casser & annuller audit Parlement, & même auroit fait juger deffinitivement audit Parlement en l'interdisant pour trois mois de ses fonctions, & le condamnant en 500 livres de réparations vers la Partie civile & aux dépens. Par cet Arrêt rendu sur les Conclusions de M. le Procureur Général, la Cour, sans s'arrêter audit Arrêt du Parlement de Bretagne du 20 Décembre 1706, a ordonné que les Arrêts de la Cour des 31 Août & premier Décembre 1706, seroient exécutés selon leur forme & teneur; ce faisant, qu'il seroit procédé en ladite Sénéchaussée d'Angers au Jugement deffinitif du procès criminel instruit en ladite Sénéchaussée contre ledit * * * & autres accusés, sauf l'appel en la Cour. Fait en Parlement le 16 Mars 1707. M. le Président Potier. M. Huguet, Rapporteur.

Autre Arrêt qui prouve que Messieurs les Présidens à Mortier, autres que ceux de Paris, n'ont aucuns privileges pour être renvoyés à leur Parlement, & qu'on peut informer & décreter contre eux dans les Justices ordinaires.

Par Arrêt sur Requête, présentée par Mathurin Bongler, Prevôt de la Justice de Vernouillet, (du Ressort de la Cour) expositive que Me *** Président à Mortier au Parlement de Normandie, avoit fait enlever de force & de violence par ses gens, & deux de la Dame de ***, toutes les Pieces, Titres & Papiers que le Suppliant avoit sur sa table & dans le cabinet de l'appartement que le Suppliant a toujours occupé dans la Maison Seigneuriale de Vernouillet; pour raison de quoi en ayant rendu sa plainte au Châtelet, le Lieutenant Criminel auroit apposé au bas de sa Requête son Ordonnance portant, qu'attendu la qualité du Sieur ***, le Suppliant se pourvoiroit en la Cour, & auroit requis qu'il lui fût permis de faire informer desdits faits, soit pardevant un de Messieurs, soit pardevant le Lieutenant Criminel du Châtelet, ou tel autre Juge qu'il plaira à la Cour commettre, même d'obtenir & faire publier Monitoire en forme de droit, & cependant de faire saisir & revendiquer lesdits Titres & Papiers par-tout où ils se pourront trouver; & sur les Conclusions de M. le Procureur Général, qui tendent à renvoyer la Requête devant le Lieutenant Criminel du Châtelet, pour y être pourvû, Partie présente ou duement appellée, ainsi qu'il appartiendra par raison, ledit Arrêt renvoye la Requête devant ledit Lieutenant Criminel du Châtelet pour y être pourvû ainsi qu'il appartiendra par raison. Fait en Parlement le 23 May 1707.

M. Portail a rapporté la Requête à la Chambre, où Messieurs ont arrêté qu'il ne falloit mettre ces mots (Partie présente ou duement appellée) n'ayant coutume d'appeller la Partie pour sçavoir si on informera, ou si on civilisera, étant de la prudence du Juge d'examiner s'il y a lieu d'informer ou non, par le renvoy de la Requête que la Cour lui fait pour y être pourvû ainsi qu'il appartiendra.

Procédures faites par un Juge dans les Prisons d'un autre Juge, ordonnées être refaites par le même Juge dans son Siege, avec pouvoir de se transporter hors son Ressort pour l'instruction du Procès, si besoin est.

Par Arrêt du 13 Décembre 1709, sur Requête présentée par Anne Bonnette, veuve Augustin le Civier, ès noms, & autres, expositive qu'ayant fait informer & déceter en la Justice de Lye, contre Pierre Charron, qui ayant été arrêté & conduit dans les Prisons de Saint-Aignan, celles de Lye n'étant pas pour lors en état ni sûres, y ayant été interrogé & décreté sur l'interrogatoire contre ses complices; comme ces accusés se vantant de faire déclarer la procédure nulle, comme ayant été faite hors l'étendue de sa Justice, auroient requis acte de ce qu'ils s'en désistoient, & le procès encommencé en la Justice de Lye continué. Ladite Requête signée *Bargault*. Conclusions du Procureur Général du Roi; oui le Rapport de Me Thomas Dreux, Conseiller, tout considéré : Ladite Cour ordonne que les procédures faites par le Châtelain de Lye hors de son Territoire, seront par lui refaites de nouveau dans son Siege, & le procès par lui fait & parfait audit Charron & autres accusés, à la Requête des Supplians, jusqu'à Sentence deffinitive inclusivement, sauf l'exécution, s'il en est appellé; & à cet effet que les témoins, si aucuns ont été entendus hors son Territoire, seront par lui ouis de nouveau, & par ledit Juge pourvû de tel décret qu'il avisera bon être, contre les complices dudit Charron, & en conséquence que les procédures qui ont été par lui faites, serviront de Mémoire seulement : pourra néanmoins ledit Juge se transporter hors son Ressort, si besoin est, pour l'instruction dudit procès. Fait en Parlement le 13 Décembre 1709. M. le Président de Longueil. M. Dreux, Rapporteur.

Renvoy des Causes d'un Particulier absous, devant d'autres Juges que ceux qui l'avoient condamné.

Vû par la Chambre des Vacations la Requête présentée par Abraham Beatrix, Marchand, & ci-devant Grammairien à Orléans, contenant qu'à l'occasion d'un procès civil, qu'il a poursuivi en la Prevôté d'Orléans, contre Paul Chabard & sa femme, pour raison du payement de la somme de 300 & tant de livres, le Suppliant auroit été décreté de prise de corps,

emprisonné

emprisonné & condamné par les Officiers de la Prevôté d'Orléans, comme convaincus du crime d'usure, à être admonesté, de laquelle Sentence ayant interjetté appel, le Suppliant a été renvoyé de l'accusation, son emprisonnement déclaré injurieux, son écrou rayé & biffé, ordonné que la grosse de ladite Obligation & son Livre journal lui seroient rendus, & l'Arrêt imprimé, publié & affiché. Et d'autant qu'il ne peut plus procéder devant les Officiers de la Prevôté d'Orléans pour ses affaires particulieres, requeroit qu'en conséquence dudit Arrêt, il plût à la Cour renvoyer les Parties au Bailliage d'Orléans, ou tel autre Siége Royal qu'il plaira à la Cour. Ladite Requête signée *Audinot*. Conclusions du Procureur Général du Roi : Oui le Rapport de Me Charles d'Averdoin, Conseiller, tout considéré : Ladite Chambre renvoye toutes les Causes du Suppliant, tant civiles que criminelles, mues & à mouvoir, tant en demandant que deffendant, au Bailliage & Siege Présidial d'Orléans, pour y procéder en premiere instance & par appel en la Cour. Fait en Vacations le 24 Octobre 1713.

Il n'est pas permis à un Juge commis par la Cour, pour faire une Instruction, de permettre d'obtenir Monitoire, quand la Cour ne l'a pas permis ; il faut que la Partie civile se pourvoye en la Cour pour l'obtenir.

Vû par la Cour la Requête présentée par Me Jacques d'Auzecourt, Avocat au Bailliage d'Auzecourt, accusé d'avoir fait mettre dans la copie d'un Arrêt d'informations apportées, *Cependant toutes choses demeurant en état*, & pour raison de quoi s'étant mis en état en la Conciergerie, pour purger la contumace contre lui instruite & jugée en la Cour, il auroit été renvoyé devant le Lieutenant Criminel de Saint-Dizier, pour lui être les témoins recollés & confrontés, même ceux qui pourroient être ouis de nouveau, à la Requête du Sieur Evêque de Toul, Partie civile, lequel, sur Requête, auroit obtenu une Ordonnance du Juge commis, portant permission d'obtenir Monitoire, ce qui excede son pouvoir, requeroit d'être reçu appellant de ladite Ordonnance, avec deffenses de l'exécuter. Conclusions du Procureur Général du Roi conformes à l'Arrêt. La Cour a reçu le Suppliant appellant, l'a tenu pour bien relevé, lui permet faire intimer qui bon lui ſemblera ſur ledit appel, ſur lequel les Parties auront audience au premier jour; cependant fait défenſes de paſſer outre la publication dudit Monitoire, ſauf audit Evêque à ſe pourvoir en la Cour pour en obtenir la permiſſion, s'il y échet. Fait en Parlement le 20 Septembre 1716.

Filles condamnées à être enfermées à l'Hôpital pour mauvaiſe vie, exemptes d'y être conduites, attendu que deux garçons ont bien voulu les épouſer, ce qui a été fait à S. Barthelemy, en exécution de l'Arrêt ſur Requête donné ſans Concluſions.

Vû par la Cour la Requête préſentée par Joachim Guigne, Marie-Anne-Marie Duvivier, dite Beaurepaire, Antoine Phelipe, & Reine Dupré, contenant qu'en exécution des Arrêts de la Cour des 3 & 7 du préſent mois de Mars, les Supplians ont fait publier un ban dans leur Paroiſſe & celle de Saint Barthelemy, & obtenu une diſpenſe des deux autres, & permiſſion de ſe marier, pendant le Carême, des Archevêque de Paris & Evêque de Macon, les 14 & 16 du préſent mois, de ſorte qu'il ne reſte plus que la célébration de leur mariage, pour à laquelle parvenir, les Supplians ont été conſeillés d'avoir recours à l'autorité de la Cour; requeroient les Supplians, &c. Vû auſſi les Publications de Bans, Diſpenſes & autres Pieces attachées à ladite Requête ſignée deſdits. Oui le Rapport de Me de Tourmont, Conſeiller, tout conſidéré: Ladite Cour ayant égard à la Requête deſdits Joachim Guigne, &c. ordonne de leur conſentement, qu'il ſera paſſé outre à la célébration de mariage dudit Joachim Guigne avec ladite Duvivier, & ledit Phelipe avec ladite Dupré, en l'Egliſe de Saint Barthelemy, par le Curé, Vicaire ou premier Prêtre de ladite Paroiſſe ſur ce requis; à cette fin ſeront leſdites Marie-Anne-Marie Duvivier & Reine Dupré, conduites ſous bonne & ſure garde, par l'Huiſſier Rozeau, des Priſons de la Conciergerie du Palais, en ladite Egliſe de Saint Barthelemy, pour en ſa préſence être procédé à la célébration deſdits mariages, après leſquelles célébrations accomplies, ſeront leſdites Duvivier & Dupré remiſes entre les mains de leurs maris, quoi faiſant, ledit Rozeau, Huiſſier, en demeurera déchargé; & en cas de refus par leſdits Guigne & Duvivier, Phelipe & Dupré de contracter leurs mariages, ſeront leſdites Duvivier & Dupré ramenées en la Conciergerie du Palais, pour être ſtatué par la Cour ce que de raiſon. Fait en Parlement le 17 Mars 1716. M. le Préſident Portail. M. de Tourmont, Rapporteur.

Pareil Arrêt a été rendu pour une Veuve condamnée à être renfermée pour débauche, au Rapport de M. de Lamouche, Conſeiller, le 20 Juillet 1716.

Pour ſurſeoir des Contraintes par corps, & empêcher qu'on ne faſſe des recommandations ſur le Suppliant, dans le tems qu'il ſe rendra priſonnier en la Conciergerie, pour l'entherinement des Lettres de Pardon par lui obtenues.

Vû par la Cour la Requête préſentée par Jacques Caye, Banquier à Lyon, à ce qu'Acte lui ſoit donné de ſes offres de ſe mettre en état ès Priſons de la Conciergerie du Palais, pour parvenir à l'entherinement des Lettres de Pardon qu'il a plû au Roi de lui accorder le 8 Septembre dernier, & ſous la protection & ſauve-garde de la Cour, pendant tout le tems néceſſaire pour l'entherinement d'icelles, & le réintégrer dans ſa maiſon, & que deffenſes ſoient faites à tous ſes créanciers d'attenter à ſa perſonne & biens, & à tous Greffiers & autres de recevoir aucunes recommandations de ſa perſonne, tant qu'il demeurera ſous la protection & ſauve-garde de la Cour, à peine de nullité, caſſation des procédures, & de toutes pertes, dépens, dommages & intérêts; ladite Requête ſignée *Defreſne*. Oui le Rapport de Me Thomas Dreux, Conſeiller, tout conſidéré : Ladite Cour ordonne que par l'Huiſſier Favereau, Jacques Caye ſera amené en la Conciergerie du Palais, ſous bonne & ſûre garde, pour être procédé à l'entherinement des Lettres de Pardon par lui obtenues, pour ce fait être remené par ledit Huiſſier en ſa maiſon, ſans que ſes créanciers puiſſent faire aucune recommandation ſur lui pendant ledit tems; & à cet effet fait deffenſes d'attenter à ſa perſonne, à peine de nullité, 1000 livres d'amende, & de tous dépens, dommages & intérêts. Fait en Parlement le 14 Décembre 1718. M. Dreux, Rapporteur.

ARRÊT DE REGLEMENT SOLEMNEL,

Pour l'exercice des Greffes Civil & Criminel de la Cour de Parlement, pour sçavoir en quel desdits Greffes il se faut adresser pour faire les Expéditions de toutes sortes de Procès, & les Instructions d'iceux.

Du 3 Mars 1635.

EXTRAIT DES REGISTRES DE PARLEMENT.

ENTRE Maîtres Jean Fenel & René Vincent, Commis au Greffe de la Cour, & ayant la charge & garde des Sacs, Procès & Dépôts d'icelle, demandeurs en exécution d'Arrêts des 13 Mars 1635, 5 May 1636, 8 Octobre 1556, 30 Janvier & 26 Avril 1625, suivant leurs Requêtes des 10 Mars & 31 May audit an 1625 & 14 May 1626, & défendeurs, d'une part; & M. Jacques de la Roche, Commis au Greffe Criminel de ladite Cour, & ayant la garde des Sacs, Procès & Dépôts d'icelui, défendeur & demandeur en autres Requêtes des 18 & 22 Août 1625 & 15 May 1629, d'autre; & encore entre ledit de la Roche, demandeur en autre Requête du 12 Octobre 1629, & défendeur, d'une part; Et M. Pierre Drouet, Avocat en ladite Cour & Commis à la garde des Sacs dudit Greffe Criminel, défendeur & demandeur en autre Requête du 28 Février 1630, d'autre; Et entre M. Jean Richer, tuteur des enfans mineurs de feu M. Daniel Voisin, vivant Greffier Criminel de ladite Cour, & ayant repris le procès au lieu de M. Jacques Daniel, ci-devant tuteur desdits mineurs; M. Jean du Tillet, Seigneur de la Bussiere, Conseiller, Protonotaire & Sécretaire du Roi, & Greffier de ladite Cour; Et les Clercs du Criminel intervenans; Et lesdits Fenel, Vincent, de la Roche, M. Gilles Boileau, Commis au Greffe Civil de ladite Cour, & les autres Commis & Clercs dudit Greffe, défendeurs, d'autre; Et encore entre ledit Richer, demandeur en Requête du 5 Décembre 1633, d'une part; Et lesdits Fenel & Vincent, défendeurs, d'autre; Et entre M. François Voisin, Greffier Criminel de ladite Cour, & ayant repris le procès au lieu dudit Richer son tuteur, demandeur en Requête du 3 Février 1634, d'une autre part; & lesdits Fenel & Vincent, défendeurs, d'autre. Vû par la

Cour lesdites Requêtes des 10 Mars & dernier May 1625, à ce qu'en exécutant ledit Arrêt du 13 Mars 1535, & autres donnés en conséquence, ledit de la Roche fût condamné leur rendre & restituer les procès & autres sacs mentionnés ès demandes & sommations à lui faites, avec les émolumens par lui perçûs, leur payer les 48 liv. parisis de peine par lui encourue, suivant ledit Arrêt du 26 Avril 1625, pour chacune contravention par lui faite audit Reglement, avec restitution des émolumens par lui perçus, dommages & intérêts & dépens; défenses de récidiver, sur peine de cinq cens livres d'amende. Autre Requête des 18 & 22 Août audit an 1625, & demande dudit de la Roche, à ce que tous procès par écrit, informations, interrogatoires, enquêtes, recollemens, confrontations, productions, défauts, congés, pieces maintenues de faux, moyens de faux, incidens, & toutes autres procédures criminelles, desquelles les présentations se doivent faire audit Greffe Criminel, en exécution de l'Arrêt de ladite Cour du 23 Décembre 1622, fussent portés audit Greffe Criminel, avec défenses ausdits Vincent & Fenel d'y contrevenir, à peine de mille livres d'amende, dommages, intérêts, & dépens, & condamnés à la restitution des émolumens par eux perçus. Procès-verbal du 2 Octobre 1625, & autres jours suivans, fait par le Conseiller commis, contenant les contestations des Parties, pour sur lesquelles faire droit, icelui Conseiller auroit ordonné que sondit procès-verbal & ce que bon sembleroit à icelles Parties, seroit mis pardevers lui, pour en faire rapport. Productions & contredits desdites Parties, suivant l'Arrêt du 19 Mars 1626. Addition de production dudit de la Roche, contredits contre icelle. Moyens d'intervention & production dudit Daniel audit nom. Réponses & production desdits Fenel, Vincent, de la Roche, & desdits Commis du Greffe Criminel sur ladite intervention. Requête du 27 Octobre 1632, employée par les Clercs dudit Greffe Civil, pour toutes écritures & production sur ladite intervention. Contredits desdits de la Roche, Fenel, Vincent, & Commis du Greffe Criminel, suivant l'Arrêt du 5 Mars 1630. Forclusions d'en fournir par lesdits Daniel & Commis du Greffe Civil. Moyens d'intervention & production dudit du Tillet, reçu Partie intervenante esdites Instances, par Arrêt du 5 Mars 1629. Autres productions desdits Daniel & de la Roche sur ladite intervention, contredits contre icelles. Lesdites

Requêtes des 14 & 15 May 1629, & demande desdits Fenel & Vincent, à ce que par provision pendant le procès ledit Arrêt de Reglement du 13 Mars 1535 fût exécuté. Autre demande dudit de la Roche, à ce que pendant ledit procès l'Arrêt du 23 Décembre 1622 fut aussi exécuté par provision. Arrêt du 14 Juillet 1629, par lequel en plaidant sur lesdites Requêtes, les Parties auroient été appointées en droit & joint. Productions & contredits desdites Parties, suivant l'Arrêt du 15 Janvier 1633. Requête du 18 Juillet 1629, employée pour moyens d'intervention. Ecritures & production par ledit Daniel audit nom, reçu Partie intervenante esdites Instances de provision. Autres productions desdits de la Roche, Fenel & Vincent sur ladite intervention, contredits contre icelles. Ladite Requête du 12 Octobre 1629, & demande dudit de la Roche, à ce que l'Arrêt qui interviendroit esdites Instances fût déclaré commun avec ledit Drouet. Autre Requête dudit Drouet du 28 Février 1630, à ce que ladite Requête du 12 Octobre 1629, fût jointe à l'Instance de Requête Civile, obtenue par ledit de la Roche, contre l'Arrêt du 4 Août 1620. Défenses, appointemens en droit, & joint. Avertissemens & productions desdites Parties. Acte du 4 Avril 1630, de reprise desdites Instances par ledit Richer audit nom, au lieu dudit défunt Daniel. Ladite Requête du 5 Décembre 1633, & demande dudit Richer, à ce qu'il fût reçu opposant à l'exécution des Arrêts des 30 Janvier & 16 Avril 1625, & 25 Février 1626, & ce faisant lesdits Fenel & Vincent condamnés remettre audit Greffe Criminel les procès mentionnés esdits Arrêts, avec restitution des émolumens par eux perçus. Autre Requête du 3 Février 1634, présentée par ledit Voisin, à ce que les Arrêts des 18 Décembre 1568, 22 Février 1584, & 22 Avril 1622, fussent exécutés. Défenses, appointement en droit, & joint. Avertissement & productions desdites Parties. Arrêt du 11 Avril 1634, par lequel les Clercs dudit Greffe Criminel auroient été reçus Parties intervenantes esdites Instances, & acte donné aux Parties, de ce que pour toutes écritures & production elles auroient respectivement employé ce qu'elles avoient écrit & produit esdites Instances. Conclusions du Procureur Général du Roi, & tout considéré : DIT a été que la Cour faisant droit sur le tout, ordonne que tous procès criminels commencés & instruits criminellement, tant en la Cour, ou en tous Sieges & Jurisdictions ressortissans en icelle, même les informations, moyens de faux, & autres procédures dépendantes desdits procès, congés, défauts & instances appointées sur les rôles ou sur avenir, ou autrement, seront portés & produits au dépôt du Greffe Criminel.

Fors & excepté les procès criminels où il y aura Sentence confirmative d'autre Sentence de réception en procès ordinaire & en enquête; & encore les procès & instances, informations, & autres pieces concernant les dégradations de bois, spoliations, revendications, réintégrandes, banqueroutes, & autres semblables différends, qui par Sentence seront réduits à des amendes pécuniaires, restitutions, dommages & intérêts & dépens, quoique le Procureur Général ou ses Substituts y soient Parties, & que l'instruction en ait été faite extraordinairement, lesquels seront mis & portés au dépôt du Greffe Civil, tenu par lesdits Fenel & Vincent; à la charge néanmoins que si l'on reprend l'extraordinaire séparément, ou que par lesdites Sentences y ait peine afflictive, ou à faire déclaration nue tête, blâmé ou admonesté en la Chambre, seront portés au Greffe Criminel. Et pour les autres condamnations esquelles les peines seront moindres que celles cidessus, appartiendront au Civil. Que s'il est fait un procès criminel à un Banqueroutier séparément, appartiendra audit Greffe Criminel. Toutefois si on juge conjointement la déconfiture de ses effets & biens avec ses créanciers, femmes & enfans, seront portés au Greffe Civil.

Les informations qui seront faites en vertu d'Ordonnances ou Arrêts de ladite Cour, sur faussetés, subornations de témoins ou autres crimes qui interviendront incidemment ès procès & matieres civiles, comme aussi sur les rébellions & désobéissances qui seroient faites aux exécuteurs des Arrês donnés esdites matieres civiles, ou sur la contravention desdits Arrêts ou attentats, seront portés audit Greffe Civil de ladite Cour, pour y être enregistrés & distribués. Toutefois où esdites rébellions, résistances, contraventions aux exécuteurs & exécutions desdits Arrêts de la Cour, y auroit force publique, ports d'armes & assemblées illicites, meurtres, homicides, mutilations de membres ou autres grands excès, requerans impositions de grandes & extraordinaires peines, audit cas lesdites informations seront renvoyées audit Greffe Criminel.

Et où esdites matieres de faussetés ou autres crimes qui interviendront incidemment esdits procès civils pendans en ladite Cour, en premiere instance, ou par appel, esquels après la matiere civile jugée, ensemble l'instance criminelle incidente pour le regard de la fin civile, ladite Cour verroit le crime incidemment intervenu, requerir la punition ordinaire, défaut ou subornation, & pour cette cause renvoyeroit ladite instance criminelle en la Tournelle, ou en la Grand'-Chambre, pardevant les Conseillers laics, pour y être jugée, audit cas lesdits procès criminels incidemment intervenus esdites matieres civiles, seront mis & apportez audit Greffe Criminel, pour y être enregistrés & distribués, & les expéditions qui s'en ensuivront y être faites.

Les déclarations de dépens dont y aura appel, adjugés par Sentence ou Arrêts donnés ès matieres criminelles, seront portées au Greffe Civil, avec leurs dépendances, excepté celles qui seront jointes aux appellations des Sentences portant adjudication d'iceux ou Requêtes civiles, si aucunes y a, lesquelles en ce cas appartiendront audit Greffe Criminel.

Tous procès de séparations de corps & de biens, seront portés au Greffe Civil, pourvû qu'il n'y ait condamnations des peines ci-dessus déclarées, & que esdits procès & instances il n'y ait accusation de bénéfice ou d'attentat, esquels cas seront portés audit Greffe Criminel, comme aussi tous procès de rapt, pourvû que l'action n'ait commencé civilement, pour dot, alimens, pensions, ou dommages & intérêts, auquel cas seront portés & mis audit Greffe Civil.

Et sur les restitutions respectivement prétendues par les Parties, les a mis & met hors de Cour; ordonne néanmoins que tous sacs & procès de la qualité de ceux ci-dessus adjugés ausdits Fenel, Vincent & de la Roche, seront par eux respectivement rendus l'un à l'autre, & ce dans huitaine après la prononciation du présent Arrêt, sur les peines portées par les précédens Arrêts, & autres plus grandes s'il y échet; le tout sans préjudicier aux Arrêts des 29 Avril 1617, 4 Août 1620, 29 Avril & 23 Décembre 1622, & 12 Mars 1633, lesquels seront exécutés selon leur forme & teneur.

Fait inhibitions & défenses aux Parties, Procureurs, Clercs, Messagers & autres, de contrevenir à iceux, à peine d'amende arbitraire: Et à cette fin sera le présent Arrêt signifié aux Procureurs de la Communauté, & copie dûment collationnée d'icelui envoyée ès Greffes des Jurisdictions ressortissantes en

ladite

ladite Cour. Condamne ledit de la Roche en la moitié des dépens vers lesdits Vincent & Fenel, liquidés à quatre cens livres parisis, l'autre moitié compensée, sans dépens entre les autres Parties. Prononcé le troisiéme jour de Mars 1635.

Signé, DU TILLET.

Collationné à son Original par moi Conseiller, Notaire & Sécretaire du Roi & de sa Cour de Parlement.

ARREST
DE LA COUR DE PARLEMENT,
Portant Reglement pour la Police & la sureté de la Ville de Paris.

Du 7 Septembre 1725.

EXTRAIT DES REGISTRES DU PARLEMENT.

VÛ par la Cour la Requête à elle présentée par le Procureur Général du Roi, contenant que, quoique la Cour ait fait différens Reglemens au sujet de la sureté de la Ville de Paris, & du service du Guet, & qu'elle ait pourvû en particulier par l'Arrêt du dix-neuf Février mil six cent quatre-vingt-onze, à tout ce qui doit être observé par les Officiers & Archers du Guet, pour arrêter les personnes qui commettent quelques désordres pendant la nuit, & à la forme dans laquelle les Officiers du Châtelet doivent faire l'examen de ceux qui ont été arrêtés, on voit avec peine que cette partie si importante de l'ordre public a été non-seulement négligée par les Officiers du Châtelet, mais qu'il est arrivé même qu'on s'est écarté en quelques occasions de la disposition de cet Arrêt, jusqu'à vouloir exiger des Officiers & Archers du Guet de suivre une forme différente : Que sans entrer dans ce qui peut avoir été pratiqué par le passé de contraire aux dispositions de Reglemens aussi sages & aussi nécessaires pour la manutention de l'ordre public, qu'on ne pourroit regarder que comme nul & attentatoire à l'autorité de la Cour, & sur quoi elle pourra pourvoir dans les cas particuliers, le Procureur Général du Roi a crû qu'il n'y avoit point de voye plus efficace pour établir la regle dans une matiere aussi importante, dont dépend la tranquillité de cette grande Ville, que de renouveller la disposition des Reglemens & dudit Arrêt du 19

Février 1691, en y ajoutant de nouvelles précautions qui puissent ôter tous les doutes qu'on pourroit former sur son exécution, & prévenir toutes les contraventions qu'on pourroit craindre à l'avenir. A CES CAUSES, requeroit le Procureur Général du Roi qu'il plût à ladite Cour ordonner que les Ordonnances, Edits, Déclarations du Roi, Arrêts & Reglemens de ladite Cour au sujet de la sureté de cettedite Ville de Paris, & le guet qu'on y doit faire, seront exécutés selon leur forme & teneur, & notamment ledit Arrêt dudit jour 19 Février 1691; ce faisant, ordonner que les Officiers & Archers du Guet arrêteront ceux qui auront commis quelque désordre durant la nuit, & les conduiront dans les Prisons du grand Châtelet, sans les pouvoir conduire en aucune maison particuliere, si ce n'est chez les Commissaires au Châtelet de Paris, dans les cas, & ainsi qu'il sera dit ci-après; & que si l'heure ou l'éloignement du lieu où ils auront été arrêtés, les obligeoient de les conduire dans quelques autres Prisons, ils seront tenus de les amener en celles du grand Châtelet avant huit heures du matin, sans qu'ils puissent les relâcher, sous quelque prétexte que ce puisse être. Que lesdits Officiers & Archers du Guet seront tenus de faire & de signer les rapports de toutes lesdites captures dans l'instant de chacune d'icelles, ou au moins tous les matins avant huit heures, & ce sur un seul Regiſtre qui sera cotté & paraphé par premiere & derniere par le Lieutenant Criminel du Châtelet, sur lequel Registre ils seront obligés de faire mention à chaque rapport des circonstances de la capture, du crime ou désordre qui y aura donné lieu, & de toutes les autres circonstances dont ils auront eu connoissance; ensemble des épées, bâtons & autres armes, & des effets trouvés sur les accusés ou autrement, pouvant servir à conviction; qu'ils seront pareillement tenus de faire leur rapport sur ledit Registre de tous crimes & désordres dont ils auront eu connoissance pendant la nuit, & des circonstances, quand bien même il n'y auroit point eu de capture: auquel effet ledit Registre du Guet demeurera pendant la nuit dans les Prisons du grand Châtelet, & dans le Greffe dudit Châtelet pendant le jour. Enjoindre ausdits Officiers & Archers du Guet, lorsqu'ils arrêteront pendant la nuit des personnes chargées de meurtres, vols ou autres crimes graves, de faire avertir dans l'instant le Commissaire dans le quartier duquel lesdites captures auront été faites, même de les conduire ſur le champ dans la Maiſon dudit Commiſſaire avec les témoins, ſi on peut le faire avec ſureté, à l'effet par lui d'interroger leſdits accuſés ſur le champ, s'il le juge à propos, & d'entendre les témoins; enſemble de faire toutes les procédures néceſſaires pour aſſurer la preuve des faits, même d'en donner avis ſur le champ au Lieutenant Criminel, & au Subſtitut du Procureur Général du Roi, s'il eſt néceſſaire. Enjoindre pareillement aux Officiers & Archers du Guet, lorſqu'ils conduiront des perſonnes dans les Priſons, de dépoſer à la Géole les armes, bâtons, épées ou effets ſervans à conviction, ſans pouvoir les garder ni les dépoſer ailleurs, à peine d'interdiction, deſquels, comme dit eſt, ils feront mention dans leur rapport, à l'exception néanmoins des cas de crimes graves où ils auront été obligés d'appeller les Commiſſaires au Châtelet, ou de ſe tranſporter dans les Maiſons deſdits Commiſſaires, auquel cas leſdites armes, épées, bâtons & effets ſeront dépoſés & laiſſés ès mains deſdits Commiſſaires, s'il eſt par eux jugé à propos, dont dans tous les cas ils feront mention dans leur Procès-verbal, qu'ils porteront au Greffe du Châtelet, dans le lendemain matin qui ſuivra la capture; comme auſſi que leſdits Commiſſaires ſeront tenus de remettre audit Greffe toutes les plaintes, informations & procédures par eux faites dans les vingt-quatre heures, dont ils feront faire mention par le Greffier, au bas de leur expédition, & ſi c'eſt avant ou après midi, conformément à l'Article 111 du Titre III de l'Ordonnance de 1670; ordonner que le Lieutenant Criminel du Châtelet, ſi des occupations plus preſſées ne l'en empêchent, & les Officiers du Châtelet qui ſont de ſervice au Criminel, ſeront tenus de s'aſſembler tous les matins à huit heures préciſes dans la Chambre Criminelle, pour par ceux qui s'y trouveront au nombre de cinq à ladite heure, examiner par préférence à toutes autres affaires les rapports de la nuit précédente qui ſeront ſur le Regiſtre du Guet, & ce en préſence du Subſtitut du Procureur Général du Roi, ou en ſon abſence, de l'un des Avocats du Roi audit Châtelet, à l'effet d'élargir ſur le champ par le contre-huys, les Priſonniers qui auront été arrêtés pour cauſes légeres, ſans écroue & ſans aucuns frais, à peine d'interdiction contre ceux qui en auroient exigé; & à l'égard de ceux qui ſe trouveroient prévenus de crimes qui mériteroient punition, qu'ils ſeroient écroués dans les Priſons, pour être procedé à l'instruction de leur procès en la maniere accoutumée : & s'il se trouvoit quelqu'un d'iceux de la compétence du Lieutenant Général de Police, qu'il seroit écroué à la Requête du Substitut du Procureur Général du Roi, sans qu'il puisse être élargi que de l'ordonnance dudit Lieutenant Général de Police ; & qu'à cet effet il sera mis à la marge dudit Registre du Guet, & à côté de chaque nom desdits Prisonniers, de la main du Lieutenant Criminel ou de l'ancien Officier en son absence, ces mots, *Sorti* ou *Ecroue'*, & qu'en cas que le lendemain de la capture soit un jour de Dimanche ou Fête, ou un tems de vacations où il ne se trouvât nombre de Juges suffisant, pourra l'examen des rapports du Guet être fait par le Lieutenant Criminel seul, ou en son absence par l'un des Lieutenans Particuliers, en présence du Substitut du Procureur Général du Roi au Châtelet, ou en son absence, de l'un des Avocats dudit Seigneur Roi, & qu'il seroit statué sur l'élargissement ou la détention desdits Prisonniers, suivant la forme ci dessus prescrite. Enjoindre aux Géoliers & Greffiers des Géoles de porter incessamment & dans les vingt-quatre heures pour le plus tard, au Substitut du Procureur Général du Roi, copie des écroues & recommandations pour crimes, suivant & conformément à l'Article XV du Titre XIII de l'Ordonnance de 1670. Enjoindre au surplus ausdits Officiers & Archers du Guet de se rendre ponctuellement aux assignations qui leur seront données en la maniere accoutumée, à la Requête du Substitut du Procureur Général du Roi, pour déposer même pardevant les Commissaires audit Châtelet, lorsqu'ils seront témoins nécessaires, & que le bien de la Justice l'exigera. Leur enjoindre pareillement de faire avertir lesdits Commissaires, lorsqu'ils verront quelque incendie, & d'y demeurer en nombre suffisant pour empêcher les vols & les désordres qui arrivent ordinairement dans ces occasions, & de donner ausdits Commissaires l'aide & le secours dont ils auront besoin pour faire exécuter tout ce qu'ils estimeront à propos d'ordonner, tant pour l'extinction du feu que pour toutes les autres choses qu'ils jugeront nécessaires. Ordonner en outre que l'Arrêt qui interviendra sur la Requête du Procureur Général du Roi, sera lû, publié au Châtelet l'Audience tenant, & registré au Greffe dudit Siege. Enjoindre aux Officiers du Châtelet de s'y conformer à l'avenir, nonobstant tout ce qui pourroit avoir été fait au contraire, qui sera par la Cour, en tant que besoin seroit, déclaré nul. Enjoindre pareillement au Substitut du Procureur Général du Roi audit Châtelet d'y tenir la main, & de certifier la Cour dans huitaine desdits lecture, publication & enregistrement, ladite Requête signée du Procureur Général du Roi : Oui le Rapport de Maître Louis de Vienne, Conseiller, la matiere mise en délibération.

LA COUR a ordonné & ordonne que les Ordonnances, Edits, Déclarations du Roi, Arrêts & Reglemens de la Cour, au sujet de la fureté de cette Ville de Paris, & le guet qu'on y doit faire, seront exécutés selon leur forme & teneur, & notamment l'Arrêt du 19 Février 1691; ce faisant, ordonne que les Officiers & Archers du Guet arrêteront ceux qui auront commis quelques désordres durant la nuit, & les conduiront dans les Prisons du grand Châtelet, sans les pouvoir conduire en aucunes maisons particulieres, si ce n'est chez les Commissaires au Châtelet de Paris, dans les cas, & ainsi qu'il sera dit ci-après; & que si l'heure ou l'éloignement du lieu où ils auront été arrêtés, les obligeoient de les conduire dans quelques autres Prisons, ils seront tenus de les amener en celles du grand Châtelet avant huit heures du matin, sans qu'ils puissent les relâcher, sous quelque prétexte que ce puisse être. Que lesdits Officiers & Archers du Guet seront tenus de faire & de signer les rapports de toutes lesdites captures dans l'instant de chacune d'icelles, au moins tous les matins avant huit heures, & ce sur un seul Registre, qui sera cotté & paraphé par premiere & derniere par le Lieutenant Criminel au Châtelet; sur lequel Registre ils seront obligés de faire mention à chaque rapport des circonstances de la capture, du crime ou désordre qui y aura donné lieu, & de toutes les autres circonstances dont ils auront eu connoissance, ensemble des épées, bâtons & autres armes, & des effets trouvés sur les accusés ou autrement, pouvant servir à conviction; qu'ils seront pareillement tenus de faire leur rapport sur ledit Registre, de tous crimes & désordres dont ils auront eu connoissance pendant la nuit, & des circonstances, quand bien même il n'y auroit point eu de capture : auquel effet ledit Registre du Guet demeurera pendant la nuit dans les Prisons du grand Châtelet, & dans le Greffe dudit Châtelet pendant le jour. Enjoint ausdits Officiers & Archers du Guet, lorsqu'ils arrêteront pendant la nuit des personnes chargées de meurtres, vols ou autres crimes graves, de faire avertir dans l'inſtant le Commiſſaire dans le quartier duquel leſdites captures auront été faites, même de les conduire ſur le champ dans la maiſon dudit Commiſſaire, avec les témoins, ſi on peut le faire avec ſûreté, à l'effet par lui d'interroger leſdits accuſés ſur le champ, s'il le juge à propos, & d'entendre les témoins, enſemble de faire toutes les procédures néceſſaires pour aſſurer la preuve des faits, même d'en donner avis ſur le champ au Lieutenant Criminel & au Subſtitut du Procureur Général du Roi, s'il eſt néceſſaire. Enjoint pareillement aux Officiers & Archers du Guet, lorſqu'ils conduiront des perſonnes dans les Priſons, de dépoſer à la Géole les armes, bâtons, épées ou effets ſervans à conviction, ſans pouvoir les garder ni les dépoſer ailleurs, à peine d'interdiction, deſquels, comme dit eſt, ils feront mention dans leur rapport, à l'exception néanmoins des crimes graves où ils auront été obligés d'appeller les Commiſſaires au Châtelet, ou de ſe tranſporter dans les maiſons deſdits Commiſſaires, auſquels cas leſdits armes, épées, bâtons & effets ſeront dépoſés ès mains deſdits Commiſſaires, s'il eſt par eux jugé à propos, dont dans tous les cas ils feront mention dans leur Procès-verbal qu'ils porteront au Greffe du Châtelet dans le lendemain matin qui ſuivra la capture. Comme auſſi que leſdits Commiſſaires ſeront tenus de remettre audit Greffe toutes les plaintes, informations & procédures par eux faites dans les vingt-quatre heures, dont ils feront faire mention par le Greffier au bas de leur expédition, & ſi c'eſt avant ou après midi, conformément à l'Article III du Titre III de l'Ordonnance de 1670. Ordonne que le Lieutenant Criminel du Châtelet, ſi des occupations plus preſſées ne l'en empêchent, & les Officiers du Châtelet qui ſont de ſervice au Criminel, ſeront tenus de s'aſſembler tous les matins à huit heures préciſes dans la Chambre Criminelle, pour par ceux qui s'y trouveront au nombre de cinq à ladite heure, examiner par préférence à toutes autres affaires les rapports de la nuit précédente qui ſeront ſur le Regiſtre du Guet, & ce en préſence du Subſtitut du Procureur Général du Roi, ou en ſon abſence, en préſence de l'un des Avocats du Roi audit Châtelet, à l'effet d'élargir ſur le champ par le contre-huys les Priſonniers qui auront été arrêtés pour cauſes légeres, ſans écroue & ſans aucuns frais, à peine d'interdiction contre ceux qui en auroient exigé ; & à l'égard de ceux qui se trouveront prévenus de crimes qui mériteront punition, ils seront écroués dans les Prisons, pour être procédé à l'instruction de leur procès en la maniere accoutumée ; & s'il se trouve quelqu'un desdits Prisonniers de la compétence du Lieutenant Général de Police, ordonne qu'il sera écroué à la Requête du Substitut du Procureur Général du Roi audit Châtelet, sans qu'il puisse être élargi que de l'ordonnance dudit Lieutenant Général de Police ; & qu'à cet effet il sera mis à la marge dudit Registre du Guet, & à côté de chaque écroue desdits Prisonniers, de la main du Lieutenant Criminel, ou de l'ancien Officier en son absence, ces mots : *Sorti* ou *Ecroué*. Et en cas que le lendemain de la capture soit un jour de Dimanche ou de Fête, ou un tems de vacations où il ne se trouveroit nombre de Juges suffisant, pourra l'examen des rapports du Guet être fait par le Lieutenant Criminel seul, ou en son absence, par l'un des Lieutenans Particuliers, en présence du Substitut du Procureur Général du Roi au Châtelet, ou en son absence, en présence de l'un des Avocats du Roi audit Châtelet, & qu'il sera statué sur l'élargissement ou la détention desdits Prisonniers, suivant la forme ci-dessus prescrite. Enjoint aux Géoliers & Greffiers des Géoles, de porter incessamment & dans les vingt-quatre heures pour le plus tard, au Substitut du Procureur Général du Roi au Châtelet, copie des écroues & recommandations pour crimes, suivant & conformément à l'Article XV du Titre XIII de l'Ordonnance de 1670. Enjoint au surplus ausdits Officiers & Archers du Guet de se rendre ponctuellement aux Assignations qui leur seront données en la maniere accoutumée, à la Requête du Substitut du Procureur Général du Roi audit Châtelet, pour déposer même pardevant les Commissaires audit Châtelet, lorsqu'ils seront témoins nécessaires, & que le bien de la Justice l'exigera. Leur enjoint pareillement de faire avertir lesdits Commissaires, lorsqu'ils verront quelque incendie, & d'y demeurer en nombre suffisant, pour empêcher les vols & les désordres qui arrivent ordinairement dans ces occasions, & de donner ausdits Commissaires l'aide & le secours dont ils auront besoin pour faire exécuter tout ce qu'ils estimeront à propos d'ordonner, tant pour l'extinction du feu que pour toutes les autres choses qu'ils jugeront nécessaires. Ordonne que le présent Arrêt sera lû, publié au Châtelet, l'Audience tenant, & registré au

Greffe dudit Siege. Enjoint aux Officiers dudit Châtelet de s'y conformer à l'avenir, nonobstant tout ce qui peut avoir été fait au contraire, que la Cour en tant que besoin seroit, a déclaré nul. Enjoint pareillement au Substitut du Procureur Général du Roi audit Châtelet d'y tenir la main, & de certifier la Cour dans huitaine desdites lecture, publication & enregistrement. Fait en Parlement le septiéme Septembre mil sept cent vingt-cinq.

Signé, DUFRANC.

CONSULTATION

Sur la Question de sçavoir, Si l'Admonition, & même une Amende y jointe, peuvent emporter infamie?

LE Conseil soussigné, est d'avis qu'un Jugement qui prononce une Admonition contre un Officier de Justice, quoiqu'il soit accompagné d'une condamnation d'amende, n'emporte point note d'infamie, ni par conséquent privation de l'exercice de son Office : la Loi *Verbum 17. Cod. ex quibus causis infamia irrogatur* est précise, pour dire que l'Admonition du Juge ne rend point infâme, & elle le décide dans un cas où les termes qui accompagnoient l'Admonition étoient bien griefs, puisqu'il y a dans le Texte de la Loi, *Gravatus & Admonitus*. La Loi *Capitalium 28. §. solent, ff. de Pœnis*, suppose même que l'Admonition n'est pas une peine publique. Dans notre Langue l'Admonition n'est qu'un terme de charité & de bonté, & non pas une expression pénale ; c'est, suivant les Canonistes, une émanation de l'Evangile qui exhorte à s'avertir l'un l'autre fraternellement. Mornac sur la Loi 19. *Cod. ex quib. causis infam. irrogetur*, parle de ces cas où le Juge ne fait que la fonction d'instruire comme un Docteur particulier, en parlant à un accusé debout : *Infames eos non facere apud quas privatum sese, quasi Doctorem præstarit Judex nimirum de plano.* Nous nous servons du mot d'*Avertissement*, par rapport aux Juges, pour intituler les écritures qu'on fait dans les appointemens en Droit ; or Avertissement & Admonition c'est la même chose. Les Procès sur lesquels les Sentences qui ne contiennent qu'une Admonition sont intervenues, se portent aux Enquêtes par appel, comme ne renfermant pas une peine infamante qui oblige d'aller à la Tour-

nelle :

nelle : les arrêtés des Mercuriales des 1 Février 1609 & 12 Janvier 1611, y ſont précis, & cela a été confirmé par un Arrêt de Reglement du 6 Août 1620, à quoi il faut joindre le Reglement du 3 Septembre 1667. On ne trouve dans aucun de ces Reglemens l'Admoneſté au nombre des prononciations infamantes. Un Arrêt du 30 Juillet 1625, portoit une Admonition à de la Roche, l'un des principaux Commis en titre au Greffe Criminel du Parlement, & lui fit des injonctions de ne plus contrevenir aux Reglemens ſur le fait de ſa Charge, à peine de 300 livres d'amende ; & cette prononciation ſuppoſoit expreſſément que l'Admonition ne l'empêcheroit pas de continuer les fonctions de ſa Charge. Le 26 Mai 1671, par Arrêt le Prevôt d'Auxerre fut admoneſté, avec injonction de ne plus juger en ſa Maiſon. Le 12 Décembre de la même année le Cointre, Greffier Criminel du Châtelet, fut admoneſté par Arrêt, ſans qu'il ait diſcontinué l'exercice de ſa Charge. Le 14 Avril 1682, le Prieur des Carmes de Paris fut admoneſté par Arrêt, ſans qu'il ait reçu la moindre note & ſans que l'inſtruction ait été continuée après ſon interrogatoire. Le 27 Janvier 1683, un Huiſſier, pour avoir ſignifié une Bulle latine qu'il n'entendoit pas, fut admoneſté par Arrêt, avec défenſes d'en ſignifier de pareilles, ce qui ſuppoſoit qu'il continueroit ſes fonctions. Le 8 Juin 1683, le Doyen d'une Collégiale fut admoneſté, ſans qu'il y eût d'inſtruction criminelle. Le 7 Avril 1691, un Procureur du Parlement fut admoneſté par Arrêt, ſans qu'il ait diſcontinué ſon Office. Le 29 Novembre 1692, le Prevôt de la Maréchauſſée d'Auvergne fut admoneſté & renvoyé par le même Arrêt à ſes fonctions. Le 27 Juillet 1703, un Exempt de Tours fut admoneſté & interdit ſeulement pour un an. Il en fut de même pour un Sergent, le 8 Janvier 1706 ; & le 4 Janvier 1706, un Prêtre trop zèlé pour la correction fraternelle, fut admoneſté en la Grand'Chambre, ſans qu'il y eût procès inſtruit par recollement & confrontation.

L'Amende jointe à une Admonition, ne peut opérer plus que l'Admonition même. Loiſeau en ſon Traité des Offices, L. 1. Chap. 13, fait voir que l'amende, en matiere criminelle, n'eſt pas infamante par elle-même, & que le payement ne peut porter note d'infamie, que quand il eſt joint à la condamnation à une peine qui de ſoi eſt infamante : c'eſt-là le vrai ſens de l'Article 7 du Titre 25 de l'Ordonnance de 1670. Il eſt même défendu aux Juges, en prononçant l'Admonition, d'y joindre le mot d'Amende, comme on le voit dans des Arrêts du 20 Juin 1708, 26 Août 1709, & 3 Septembre 1712; ainſi on doit préſumer que c'eſt par inadvertance que le mot d'amende s'eſt gliſſé dans un Jugement avec une Admonition, & ce feroit donner lieu de toucher au Jugement, que de ſoutenir que le mot d'amende qui y a échappé emporte note d'infamie : ce qu'on peut dire de plus digne des Juges en pareil cas, eſt qu'une telle amende eſt une reſtitution envers les Parties intéreſſées, comme cela eſt arrivé en fait d'Eaux & Forêts, & de Fermes du Roi, ce qui n'a jamais eu le moindre caractere infamant.

Délibéré à Paris, ce 11 Janvier 1741. *Signé*, PREVOST & SARASIN.

Fin du Supplément.

APPROBATION.

J'AI examiné par l'ordre de Monſeigneur le Chancelier, un Manuſcrit intitulé : *Supplément ou Additions à la nouvelle & quatriéme Edition du Traité des Matieres Criminelles, de M. Guy du Rouſſeaud de la Combe*, & je n'ai rien trouvé qui puiſſe empêcher l'impreſſion. A Paris, ce 29 Avril 1751.

RASSICOD.

EDITS

www.ingramcontent.com/pod-product-compliance
Ingram Content Group UK Ltd.
Pitfield, Milton Keynes, MK11 3LW, UK
UKHW020940180726
13838UKWH00003B/1044

9 782329 422275